동경

Anselm Grün
BUCH DER SEHNSUCHT
Herausgegeben von Anton Lichtenauer

© Verlag Herder Freiburg im Breisgau 2003
All rights reserved

Translated by Rhie On-Wha
Korean translation copyright © 2007 by Benedict Press
Waegwan, Korea

Published by arrangement with Verlag Herder
Freiburg i.B., Germany

동경
2007년 1월 초판 | 2014년 2월 6쇄
옮긴이 · 이온화 | 펴낸이 · 박현동
ⓒ 분도출판사
등록 · 1962년 5월 7일 라15호
718-806 경북 칠곡군 왜관읍 관문로 61
왜관 본사 · 전화 054-970-2400 · 팩스 054-971-0179
서울 지사 · 전화 02-2266-3605 · 팩스 02-2271-3605
www.bundobook.co.kr
ISBN 978-89-419-0702-2 03230
값 11,000원

모경

안셀름 그륀 지음
안톤 리히테나우어 엮음
이온화 옮김

분도출판사

무엇이 우리를 살게 하는가

오래 전에 한 친구가 말했다. "산 넘어 산이라 도저히 넘을 엄두가 나지 않아." 어쩌면 인생의 여정을 단적으로 표현해 준 말이 아닌가 싶다.

등산을 하다 보면 힘들어 도로 내려가고 싶은데 내려가는 것도 만만치 않을 때가 있다. 그럴 때는 정말로 그냥 주저앉고만 싶다. 그렇다고 어두운 산 중턱에 주저앉을 수는 없기에 어쩔 수 없이 있는 힘을 다해 계속 산을 오른다. 정상에서 우리를 맞이하는 것이 또 다른 산이거나 '하산'뿐임을 알고 있지만 말이다.

저마다 시기는 다르겠지만 우리는 모두 산다는 것이 정말로 힘든 여정이라는 것을 어느 순간 알게 된다. 누구에게나 고통은 있으며 다만 그 고통의 시기와 형태만 다를 뿐이라는 것도 깨닫게 된다. 나는 이 평범한 진리를 너무 늦게 깨달았다. 일반적인 인생의 시간표를 따라 큰 무리 없이 사는 사람들은 아마도 나처럼 좀 늦게 이 진리를 깨닫게 될 것이다.

이것을 깨닫고 난 뒤 나는 아무리 기쁜 일이 생겨도 마음껏 즐거워하지 못하게 되었다. 뒤이어 찾아올 산이, 그러니까 '마'摩가 두려웠다. 그리고 나이가 들수록 이 산이 무섭다. 올라갈 힘이 그만큼 줄어들기 때문이다. 그러므로 현실의 '힘'만 가지고는 이 세상을 살아갈 수가 없다. 나이가 들면 현실의 힘이 줄어드는 것은 당연하지 않은가. 육체적인 힘이나 정신적인 힘도 줄어들고, 나를 도와줄 친구나 가족도 점점 줄어들 테니 말이다. 그럼에도 불구하고 고통의 무게에 짓눌리는 우리를 살게 하는 것은 무엇일까? 안셀름 그륀 신부는 그것을 '동경'이라 한다.

'동경'이란 무엇일까?

그륀 신부의 방식대로 나도 우리말 사전을 찾아보았다.

동경의 사전적 의미는 '어떤 것을 간절히 그리워하여 그것만을 생각함'이다. 우리가 간절히 바라는 '그것'은 무엇일까? 각종 시험을 앞둔 수험생과 그 부모들에게는 아마도 합격증일 것이고, 취직을 소망하는 사람에게는 입사 합격 통보일 것이고, 경기를 앞둔 사람에게는 승리일 것이다. 그런데 언젠가 프로농구에서 챔피언이 된 KCC 팀의 이상민 선수(그는 MVP도 수상했다)가 인터뷰에서 "허무하다"고 말하는 것을 본 적이 있다. 시합 전에 그는 우승하지 못하면 절로 가겠다는 말까지 했다. 그런 각오로 승리를 일구어냈지만 정작 그 목표가 사라지자 허무하단다. 아마도 많은 이들이 비슷한 경험을 해 보았을 것이다.

온 힘을 다해 어떤 일에 매달리다가 정작 그 목표가 달성되고 나면 허무함에 빠지곤 한다. 그래서 다음 목표를 더 크게 잡거나 그 성취감을 놓치고 싶지 않아 전전긍긍 매달린다. 그러나 영원한 승리란 결코 없다. 승리의 정상에는 다른 산이 앞을 가로막고 있거나, '하산'이 기다리고 있을 뿐이다. 그륀 신부는 이런 현실적인 목표를 동경해서는 안 된다고 말한다. 이러한 동경에는 결코 만족이 없기에 '영원함'을 동경하라고 그륀 신부는 말한다. 그리고 그 영원함은 바로 내 안에 있다고 한다. 내 안에,

하느님이 계시는 그곳에 말이다. 그러므로 자기 자신을 알게 된다면, 우리는 영원함을 바로 지금 이곳에서 느낄 수 있다는 것이다.

'허무함'은 늘상 성공 뒤에 찾아온다. 잔치가 끝난 잔칫집 분위기를 상상해 보면 실감할 수 있을 것이다. 그것은 쓸쓸한 분위기이다. 성공한 뒤에 허무함에 빠지지 않기 위해서, 산 오르는 걸 두려워하지 않기 위해서 늘 자신을 인정해야 한다. 내가 나를 단죄하거나 평가하지 말고 있는 그대로 인정할 때 살아갈 힘을 얻는다고, 그륀 신부는 말한다.

한번 생각해 보자. 과연 나 자신을 인정하고 있는가?

요즘 우리 사회에서는 모두가 나르시시즘에 빠진 것처럼 자기 말만 하고 남의 말에는 귀를 기울이지 않는다는 비판도 있다. 이것은 엄밀히 말해 집단 나르시시즘이다. 여기에 '나'라는 개인은 없고, 내가 속한 집단만 있을 뿐이다. 그 집단이 와해되면 나는 또 다른 집단을 찾을 뿐이다. 나 자신의 이미지를 그리고 있을 뿐, 나를 찾지는 않는다.

나는 이미 내 안에 있다. 나를 억지로 꾸밀 필요도 없고, 그럴 수도 없다. 나는 이미 더할 수 없이 아름답게 내 모습 그대로 존재하고 있다. 그런 나를 인식하기만 하면 된다. 그륀 신부는 우리가 자신의 참모습을 만나 진정한 삶을 살 수 있는 길을 보여 준다. 그륀 신부를 만나면 우리는 이제 더 이상 살아지지 않고, 살 수 있게 된다.

어느 해 겨울 독일의 서점에서 안셀름 그륀 신부의 책들을 많이 만났다. 일반 서점의 한쪽 코너를 장식할 정도로 각양각색의 많은 책들이 독자들의 사랑을 듬뿍 받고 있었다. 우리 독자들에게도 그분의 사랑이 전달되기를 간절히 바란다.

이온화

동경은 모든 것의 시작이다

젊은 시절, 동경은 그렇게 제멋대로였다. 첫사랑, 충만한 우정 그리고 하늘이 열려 있기 때문이다. 그때는 무엇이든지 가능해 보인다. 그러다 어느 날 갑자기 모든 것이 사라진다. 그렇기 때문에 인생에는 환상이 필요하다. 인생은 마치 지평선 뒤에서 떠올랐다가 곧 사라지고 마는 태양과도 같다. 그리고 나중에는 어떻게 되는가?

테네시 윌리엄스는 항상 똑같은 노선만을 운행하는 교외선을 '욕망이라는 이름의 전차'로 명명하며, 스쳐 지나가는 인생에 비유했다. 실패의 궤도 위에 고정되어 달리는 인생을 다룬 이 작품, 『욕망이라는 이름의 전차』의 독일어 제목은 'Endstation Sehnsucht'이다. '공동묘지'라는 이름의 환승 노선은 무덤으로 향한다. 이 드라마는 소망과 욕망, 동경과 욕정의 소용돌이 속에서 결국 자멸하고 마는 인간 군상을 다룬다. 핵심 주제는 '죽음 — 그것에 대항하는 동경'이다.

젊은이의 동경과 어른의 절망, 이 둘은 진부함을 거부한다.

"사랑하는 연인들, 냉소적인 사람 혹은 절망하는 사람, 동경하는 사람

그리고 희망하는 사람, 그들 모두에게는 신성이 존재한다.”

고트프리트 벤의 이 시구는 테네시 윌리엄스가 말하는 것과 일치한다. 절망과 희망, 냉소와 동경은 서로 아주 가까운데, 그 이유는 이것들이 기존의 것을 뛰어넘고자 하기 때문이다. 안셀름 그륀 신부가 동경에 관심을 갖는 것은 바로 이 경계 초월 때문이다.

동경은 어디에나 있다. 많은 도시의 벽에 붙어 있는 포스터들, 화려한 광고 네온사인에는 “행복을 돈으로 살 수 있습니다”라고 쓰여 있는 것 같다. 기다릴 것 없이 지금 당장 돈으로 행복을 사라고 한다. 사람들은 돈으로 자동차가 아니라 삶을 사 들이려 한다. 신용카드는 꿈을 이루어 주고, 내 집 마련 저축은 곧 자기 실현을 의미한다. 각종 보험은 안전을 보장한다. 담배의 브랜드 이미지는 거침 없는 자유 또는 문화인의 스타일을 표현한다. 그리고 다이아몬드는 확실한 사랑을 약속한다.

동경은 이렇듯 구매욕을 부추기고, 머리와 마음을 흐리게 한다. 보험은 모든 것을 안전하게 소유할 수 있다고 주장한다. 우리가 소유할 수 있는 것, 그것은 이미 모든 것이기도 하다. 구매욕의 바퀴는 쉬지 않는다. 점점 더 많은 욕구로 추진되는 회전운동은 더욱더 빨라진다.

동경은 두 얼굴을 가지고 있다. 성취되지 않으면 갉아먹힌다. 영혼을 따뜻하게 해 주든가 아니면 파멸시킨다. 지금 이곳에 파라다이스를 실현하고자 하는 이 꿈이 과거에는 모든 것을 단번에 파괴하는 힘이 되기도 했다.

결핍을 느끼는 사람은 동경을 안다. 과거에 넘치는 행복을 경험했던 사람도 동경을 안다. 산 정상을 정복한 뒤 계곡으로 하산하며 또 다른 정상을 꿈꾸는 사람도 “인간은 결코 정상에 오르지 못한다”고 말한다. 공허함 가운데 동경은 존재한다. 약속은 공허하고 꿈은 비현실적이다.

그럼에도 불구하고 동경은 삶의 의미와 성공, 목적, 광채를 약속한다. 사랑처럼 말이다.

사랑과 동경은 서로에게 속한다. 사랑 또한 주어진 경계를 초월하고자 한다. 그리스 신화에 따르면 에로스는 신과 인간 사이의 중간적 존재, 데몬이다. 가난의 신 페니아가 그의 어머니이고 풍요의 신 포로스가 아버지이다. 에로스는 사랑에 대한 동경을 깨어 있게 한다. 동경은 우리를 제약하는 모든 것들로부터 자유롭게 한다. 그래서 에로스 안에는 행복에 대한 무한한 욕망이 꿈틀거리고 있다.

"모든 욕망은 영원하다." 불완전함 속에서도 우리는 위로와 평안함을 주는 말을 영원토록 동경한다. 동경은 일상의 분주함 속에서도 시간이 완전히 해체되는 어느 한 순간을 경험하게 한다. 동경은 모든 욕망 가운데 나에게 의미 있는 사랑을 발견하도록 부추긴다. 우리가 자신 안에 있는 이러한 동경을 따른다면, 이것은 우리를 자기 자신의 삶으로 인도한다고 안셀름 그륀 신부는 말한다. 물론 그륀 신부도 동경의 양면성을 알고 있다. 그럼에도 동경을 우리 안에 있는 가장 중요한 영성의 힘으로 여긴다. 동경은 우리를 진정한 행복으로 이끌어 준다.

동경 없이 살면서 에고ego 안에 모든 것을 처박아 두기만 한다면, 삶은 악몽과 같을 것이다. 그륀 신부는, 세상이 얼어붙고 경직되지 않게 하려면 영혼의 불을 활활 타오르게 하라고 말한다. 멀리 보고 언제나 희망과 꿈을 간직하라고 말한다. 동경 안에서 진정한 고향을 발견할 수 있도록 마음을 너그럽게 가지라고 말한다. 보금자리를 찾되 처음에 도달한 그곳에 안주하지 말라고 한다.

그는 충고한다. 너의 꿈이 모래처럼 부서지지 않게 하라. 네가 너 자신일 수 있는 공간을 찾아라. 치유하는 관계를 추구하라. 정형화된 습관의 궤도를 탈피하라. 동경의 심연으로 가라. 동경을 깨어 있게 하라.

안셀름 그륀 신부가 즐겨 인용하는 앤소니 드 멜로는 다음과 같이 말한 적이 있다.

"동경이란 별것 아니다. 동경이라 불리는 모험에서 효과를 얻기 위해서는 인생으로부터 가능한 한 많은 것을 끌어내겠다고 결심하면 된다. 많은 사람들은 부, 명성, 안락함 그리고 사회적 특권 같은 허무한 것들에 만족하고 있다."

동경의 진정한 가능성에 비추어 볼 때 부와 명성 따위는 너무나 보잘것없는 바람이다. 동경은 '삶의 기술'의 시작이다. 더 나아가 모든 것의 시작인 것이다.

안톤 리히테나우어Anton Lichtenauer

□ 차례 □

영혼의 언어

동경은 우리를 구속하지 않는다

• 힘찬 소망

힘찬 소망

독일어 'Sehnsucht'(그리움, 동경, 갈망)를 다른 언어로 옮기는 것은 그리 간단하지 않다. 이 단어의 어원이 되는 그리스어 역시 독일어가 지닌 의미들을 모두 담고 있지 않다. 그리스어 '에피티미아'*epithymía*는 본디 '욕망, 갈망, 열망'이라는 뜻이다. 이 단어의 어근은 '티모스'*thymós* 즉 정서적인 영역이다. '티모스'란 본디 공기, 폭풍, 움직인 것과 움직이는 것, 생명력을 의미한다. 그러므로 그리스어 '에피티미아'는 원래 자극, 흥분, 인간의 모든 활력으로 채워진 격렬한 욕망을 의미한다. 그래서 루카는 예수에 대해 이야기할 때 이 단어를 사용한다. "내가 고난을 겪기 전에 너희와 함께 이 파스카 음식을 먹기를 간절히(에피티미아 에페티메사*Epithymía epethýmesa*, mit Sehnsucht) 바랐다"(루카 22,15). 여기에서 예수는 정신뿐 아니라 제자들의 갈망, 욕망, 힘찬 소망, 마음의 자극, 흥분에 대하여 이야기한다. 그리스철학에서 이 단어는 주로 정신과 대립하는 육체의 욕망을 표현하는 것으로 경시되었다. 성경에서도 대부분 부정적인 의미로, 불경스럽고 신을 거스른다는 의미로 사용된다.

라틴어 '데시데리움'desiderium은 원래 '갈망, 열망, 욕망'을 의미한다. 이것은 분명 '시더스'sidus(별, 천체)와 관련이 있다. 라틴어로 글을 쓰는 작가들은 동경(갈망, 욕망)의 불에 대하여 또는 가지지 못한 어떤 것에 대한 불타는 동경에 대하여 이야기한다. 우리는 별을 볼 수 있을 뿐 잡을 수는 없다.

스토아철학에서는 욕망을 주로 육체적인 욕구desiderium carnis와 동격으로 취급했다. 그러다가 아우구스티누스에 이르러 이 단어는 다시 동경이라는 원래의 의미를 얻는다. 아우구스티누스는 모든 인간적인 갈망과 욕망은 결국 이 세상을 초월하는 것을 목적으로 한다고 말한다. 토마스 아퀴나스는 아우구스티누스의 관념을 받아들여 자연적 욕구desiderium naturale의 학설을 발전시킨다. 인간은 하느님을 보고, 하느님과 하나가 되고 싶은 태생적 욕망을 지닌다. 인간은 하느님과 하나가 될 때만 '인간됨'을 완성할 수 있다.

독일어 'Sehnsucht'는 'Sehne'(활)와 'Sucht'(중독, 병적 욕망) 두 단어로 이루어져 있다. 이는 활을 쏘기 전 시위의 팽팽함을 연상시킨다. 그러므로 동경은 내적인 시위의 팽팽함과 관련 있다. 인간은 온 힘을 다해 자신의 동경이 목적하는 것으로의 도약을 기대하거나 과녁을 맞추는 화살을 기다린다.

두덴 독일어 사전에 의하면 'sich sehnen'(그리워하다, 동경하다)라는 말은 독일어권에서만 사용된다고 한다. 이 단어는 '활'과는 관계가 없고, 중세 고지 독일어 'senen'(괴로워하다, 사랑하면서 갈망하다)과 관계가 있다. 이 단어에는 가슴이 아프다는 의미가 담겨 있으며, 이루지 못한 사랑을 연상시킨다. 연인들은 사랑을 확인하기 위해 상대방을 그리워한다. 동경은 고통스러울 수도 있다. 사랑에 빠진 사람의 정신은 온통 애인에게만 향해 있고, 그는 자신의 사랑에 응답이 오기만을 학수고대한다. 그는 사랑이 이루어지지 않으면 죽을 것만 같다.

'Sucht'(중독)라는 단어의 어원은 원래 '구하다, 찾다'가 아니라 '허약하다, 병들다'이다. 그래서 'Sucht'는 병적인 갈망, 병적인 의존을 의미하게 되었다. 그러나 동경은 술이나 마약과 같은 물질, 또는 명성이나 영향력에 의존하는 것이 아니다. 동경은 고향, 보호, 행복, 사랑, 아름다움, 성취 등을 목적으로 한다. 동경의 목표는 완성이다. 그러나 우리가 가끔 사랑 때문에 병을 앓듯이, 영원에 대한 동경이 너무나 강해서 일상생활에 무감각해질 수도 있다. 그러면 우리는 동경 때문에 병들었다고 느낀다.

'그리워하다, 동경하다'와 '중독'의 결합은 지난 세기에 '동경'이라는 단어가 경멸당하는 결과를 낳았다. 사람들은 이 단어에서 병적인 어떤 것을 연상한다. 그들은 현재의 구체적인 도전에 맞서는 대신 성취할 수 없는 것을 갈망하기 때문이다.

낭만주의(19세기 전반)는 동경으로 가득했다. 아이헨도르프와 노발리스는 낭만적 동경의 증인들이다. 그들과 그들의 시대에는 동경이 철저하게 긍정적이고 가치 있는 감정으로 여겨졌다. 그러다가 언젠가부터 동경이 현실도피라는 뜻으로 오용되면서 사람들은 오랫동안 이 단어를 외면해 왔다. 긍정적 의미를 상실했던 이 단어는 우리 시대에 이르러서야 비로소 '동경'의 본디 의미를 회복하게 된다.

동경 없는 삶은 지루하다. 동경이 없는 인생은 너그러움과 활기를 잃고 비밀스러워진다. 우리는 '활'의 숨겨진 힘과 중독의 병적인 타성 사이의 긴장 속에서 살고 있다. 오직 한쪽 극極만이 '평온함' 혹은 긴장 속에서 산다면 인간은 병에 걸린다. 평온함만을 추구하는 사람은 쉽게 안락함으로 침몰한다. 오직 자신의 활로만, 자기 자신의 힘으로만 건물을 짓는 사람은 금세 지친다. 그러면 활은 끊어진다. 중독된 사람은 자유를 잃는다.

긴장하고 또 이완시키는 동경과 만나야 한다. 그리고 중독은 동경의 활력과 힘으로 변화되어야만 한다. 그래야만 중독은 치유될 수 있다.

오늘날 우리가 만나는 많은 중독은 아마도 억압된 동경의 표현일 것이다. 동경은 바야흐로 전성기를 맞이했다. 동경은 현실도피가 아니라, 다시 자기 자신을 마주 대하는 것이다. 동경과 마주하고 동경을 인정하고 우리의 삶에 받아들일 때 우리는 중독에서 해방될 수 있다.

동경은 우리를 구속하지 않는다. 동경은 우리의 마음을 넓게 하고 자유롭게 숨쉬게 한다. 동경은 우리의 인생에 품위를 부여한다.

현재 모습
미래 모습

'언젠가 한 번은 …' 하고 소망해 왔던 꿈들이
동경 안에서 자란다

소파에 앉아 있는 집시 ● 잃어버린 별 ● 우물 안 개구리 ● 인생의 맛 ● 지루함과 초조함 ●
고독 속에서 ● 소망 없는 불행 ● 깊은 심연 ● 게으름뱅이의 천국 ● 끝없는 갈증 ● 작은 도피
● 먼 곳에의 동경 ● 탈출 ● 아이의 동경 ● 유아적이거나 성숙하거나 ● 과거와 향수 ● 고향
에 대한 동경 ● 불만과 불안 ● 탄탈로스의 고통 ● 잊혀진 소망들 ● 탐욕과 자유 사이 ● 만족
할 수 없어 ● 영원히 이리저리 헤매며 ● 더러움과 깨끗함 ● 자유의 족쇄

소파에 앉아 있는 집시

앤소니 드 멜로는 우리의 현실을 일깨우는 이야기를 즐겨 한다. 철창 안에 갇혀 있는 곰에 관한 비유도 그중 하나이다. 6미터 길이의 철창 안에서 어슬렁거리며 왔다갔다하는 곰처럼 우리 역시 습관의 철창에 갇혀 있다는 것이다. 여러 해가 지난 후 철창의 창살을 벗겨내도 곰은 여전히 이 6미터의 공간을 왔다갔다한다, 마치 창살이 여전히 그곳에 있는 것처럼. 오랜 감금으로 곰은 동경을 잃어버린 것이다.

또 다른 짧은 이야기에서도 그는 동경의 상실을 조롱한다. 여기서 그는 동경이 얼마나 옹졸할 수 있는지를 보여 준다.

> 30년 동안 저녁마다 오로지 텔레비전만 보던 남편이 어느 날 아내에게 말했다. "오늘 저녁에는 정말로 근사한 일을 한번 해 봅시다!" 그러자 아내는 밖에서의 멋진 밤을 떠올리며 물었다. "어머나, 좋아요. 어떻게요?" 남편이 대답했다. "소파를 서로 바꾸어 앉아 봅시다."

근사한 일에 대한 이 남자의 동경은 소파를 바꾸는 데 있었다. 그에게는 그 이상의 동경이나 더 나은 대안이 없는 것이다. 그 오랜 세월 동안 텔레비전만으로도 충분히 만족스러웠던 그의 소위 '동경'이라는 것에 우리는 고소苦笑를 금할 수 없다.

하지만 이것은 실제로 일어날 수 있는 일이다. 오늘날 많은 사람들의 동경이란 참으로 보잘것없지 않은가.

유머란 이상과 현실 사이의 긴장에서 나온다. 유머가 빛나는 것은 현실 세계와 이상 세계가 충돌할 때이다. 드 멜로의 다음 이야기도 일상에 관한 것이다. 제목은 '집시'다.

> 어느 국경 도시에서 한 노인이 50년 동안 같은 집에 살았다. 그러던 어느 날 그가 옆집으로 이사를 하는 바람에 동네 사람들이 모두 깜짝 놀랐다. 지역 신문 기자가 그에게 이사한 이유를 묻자 그는 흐뭇한 미소를 지으며 답했다. "제 안에 집시가 살고 있나 봅니다."

더 이상의 주석이 필요 없다. 드 멜로는 자족적인 생활로 인해 위축되는 동경을 꼬집어 묘사했던 것이다. 우리는 자신의 동경을 작아지게 하고 있다. 점점 더 작게.

잃어버린 별

전후前後에 널리 읽힌 에른스트 비허르트의 『잃어버린 별*Der verlorene Stern*』은 러시아 감옥에 있다가 마침내 고향으로 돌아와 행복해하는 어느 독일 군인에 관한 이야기이다. 그러나 귀향 얼마 후 그는 집에서 고향을 느낄 수 없음을 깨닫는다, 이에 대해 할머니와 이야기를 나누면서 그들은 원인을 찾아낸다. 집에서 별이 사라진 것이다. 집 안에는 더 이상 동경이 존재하지 않았다. 그들은 피상적으로 '살아지고' 있을 뿐이었다. 집을 짓고 계획을 세우면서 삶을 꾸려 가는 동안 그들은 정작 자기 자신만의 삶에 소홀했다. 근원적인 것들은 사라지고 인생의 지향이나 너그러움도 찾기 어려워졌다. 동경의 별이 사라졌다.

별이 우리 마음에서 떨어져 나가면 우리는 마음의 고향을 잃게 된다. 비밀이 간직되어 있는 곳에서만 우리는 고향을 느낄 수 있다. 거창한 목표에 대해 이야기하려는 것이 아니다. 충분히 성취할 수 있고 우리 자신을 중요한 존재로 만들어 주는 성과에 대한 것이다.

우리 안에는 비밀이 머무는 공간이 있다. 이곳은 고요의 공간이다. 우리를 규정하는 시끄러운 생각들, 주변 사람들의 기대와 요구는 이 공간을 침범하지 못한다. 또한 이곳은 고통스러운 자책과 자기비하로부터 자유롭다. 하느님이 우리 안에 살고 계시는 이곳에서 우리는 인간의 권력으로부터 해방된다. 거기서는 아무도 우리를 건드리지 못하고 우리는 완전히 치유된다. 그곳에서 우리는 온전히 우리 자신이다. 비밀이 숨쉬고 있는 그곳에서 우리는 자기 자신을 의식하며 고향을 발견할 수 있다. 자기 자신에게서 고향을 느끼는 사람은 언제 어디에서든 고향을 만날 수 있다. 고향은 그의 주위 어디에나 있다.

우리는 침묵 속에서 우리 자신 즉 우리의 문제, 결함, 억압, 영혼의 콤플렉스를 만나게 되고 또 언젠가는 그것들로부터 벗어나지 않으면 안 된다. 그 누구도 오직 자기 자신하고만 대면할 수는 없다. 많은 사람들이 자신의 진실로부터 도망치려 하는 것은 당연하다. 하지만 이 모든 억압과 상처 사이에 하느님이 살고 계시다는 것을 안다면, 나는 내 안에 있는 것들을 견딜 수 있다. 내 안에 비밀이 살아 숨쉬고 있기 때문에 나는 내 안의 쉼터에서 고향을 느낄 수 있다.

우물 안 개구리

"우물 안에 사는 개구리는 우물의 둘레가 하늘의 크기라 단정한다."

몽골의 격언이다. 몽골인들은 넓은 초원을 사랑하는 민족이다. 그들의 이동성과 개방성은 역사적으로 널리 알려져 있다. 그리고 이러한 특성은 오늘날에도 여전히 그들 유목민에게 각인되어 있다. 이 격언은 생각의 옹졸함을 극단적으로 표현하는 유목민들의 지혜다.

가끔씩 우리는 우물 둘레를 하늘의 크기로 여기는 개구리에 비유된다. 눈앞의 것만 보기 때문이다. 개구리는 물에서 헤엄치면서 가끔 위를 바라볼 뿐이다. 우리는 일상의 많은 과제 안에서 개구리처럼 헤엄친다. 그러고는 가끔 시선을 들어 하늘을 보지만 하늘의 무한함을 인식하지는 못한다. 무한함에 대한 동경을 마음에 품고 있는 사람만이 오직 하늘의 무한함을 인지할 수 있다. 바로 여기에 다음과 같은 역설이 적용될 수 있다. "안을 들여다보는 사람만이 제대로 밖을 내다볼 수 있다."

모든 것을 초월하는 세계에 대한 동경을 품은 사람만이 이 세상을 보는 올바른 시선을 갖추고 있다는 뜻이다. 이 세상은 더 이상 그의 전부가 아니다. 동경은 그가 보는 것을 바로잡아 주기 때문에 모든 것은 자기에게 맞는 역량을 얻는다.

인생의 맛

"대부분의 사람들은 너무나 판에 박힌 생활을 하고 있기 때문에, 처음으로 인생을 살고 있다는 것을 깨닫지 못한다."

우리 시대의 예리한 비평가 중 한 사람인 폴란드 작가 스타니슬라브 예르치 레크는 이렇게 핵심을 꼬집어 말했다. 그는 윤회를 언급하는 것이 아니라, 사람들이 일상생활에 임하는 태도에 대해 표현하고 있는 것이다. 그들의 삶 그 어디에도 비밀스러움이나 신선함은 없다. 지금 그들은 젊고 인생의 황금기에 있지만 머지않아 늙게 될 것이다. 지금 그들은 마치 이전에도 수없이 살아 보았던 것처럼 살고 있다. 나날이 새로울 것도 없고 다시는 오지 않을 그 순간을 느끼지도 못한다. 모든 것을 다 안다는 듯이 행동하지만 실제로는 그렇지도 않다.

앎은 '봄'vidi으로부터 나오지만 그들은 아무것도 보지 않는다. 그들은 눈 멀어 있고 그들의 인생은 인형극처럼 조종된다. 스스로 사는 것이 아니라 살아지고 있을 뿐이다. 조종당하며, 아무런 환상도 없이 항상 똑같은 움직임을 반복할 뿐이다. 그들의 존재에 생명의 입김을 불어넣어 주는 꿈이 없다.

한 번뿐인 인생임을 깨닫는 것이 정말 중요하다. 항상 반복되는 일상의 틀을 깨고 유일무이한 인생을 음미하도록 하자.

"숨을 쉰다. 그러므로 나는 존재한다. 나는 인생의 맛을, 나날이 새로운 맛을 느낀다. 날이면 날마다 새날이다."

우리는 이 세상에 유일무이한 존재이다. 하느님은 모든 인간 하나하나를 오직 그만의 모습으로 만드셨다. 우리 삶의 과제는 우리 안의 이 시원적인 모습을 '드러나게' 하는 것이다.

지루함과 초조함

내가 교부들의 심리학 강연에서 지루함 혹은 권태라 번역할 수 있는 '아케디아'*Akedia*에 대한 설명을 마쳤을 때였다. 어떤 부인이 내게 다가와서 말하기를, 아케디아는 안개 낀 날 그녀 남편의 행동과 딱 들어맞는다는 것이다. 안개가 낀 날이면 그녀의 남편은 참을성이 없어지고 이 방 저 방을 왔다갔다한단다. 아내가 부엌에서 일을 하고 있는 동안 남편은 신문을 읽으면서도 안절부절 어쩔 줄을 모른다. 앉았다 일어서길 반복하며 끊임없이 초조해한다. 아무 일도 하지 않으면서 아내가 집안일을 조금 거들어 달라고 하면 힘들다고 한다. 그러면서 끊임없이 아내에게 무엇인가를 요구하며 일을 방해한다. 그는 날씨, 교회, 정치, 지방의회, 이웃 등을 탓한다. 모든 게 그의 생각과 다르고 그의 마음에 안 든다. 그러면서도 정작 자신이 무얼 원하는지도 모른다. 그는 게으르며 그 무엇에도 흥미가 없다.

독일어 'verdrießen'(불쾌하게 하다)는 중세 고지 독일어로 '지루하게 하다'라는 의미다. 이 말은 '지치게 하다, 힘들게 하다'를 의미하는 좀 오래된 어근에서 왔다. 지루한 사람은 끊임없이 피곤하다. 그에게는 모든 일이 힘들다.

그러나 사막 교부들이 아케디아라 한 것은 지루함 그 이상이다. 거기에는 흥미 없음, 나태함, 불만, 권태, 순간에 살지 못하는 무능함 등의 의미가 담겨 있다. 이것들은 지칠 대로 지친 욕망의 결과이고, 슬픔과

화禍의 혼합이다. 초기 수도승 에바그리우스 폰티쿠스에게 그것은, 각각의 영혼뿐만 아니라 영혼들 전체를 마비시킬 수 있는 가장 위험한 데몬(악마)이다.

에바그리우스는 데몬이 한낮에 온다 하여 '한낮의 악령'이라 부른다. 그는 오후 3시경에 점심 식사를 했다. 사막의 열기가 최고조에 달하는 식사 전의 시간은 특히 힘들었을 게 분명하다. 이 수도승 작가는 배가 너무 고파서 참기 힘들었다. 그래서 식사 시간이 된 게 아닐까 하고 끊임없이 태양을 올려다보아야 했다.

여기서 '한낮의 악령'은 중년의 위기에 대한 비유이기도 하다. 중년에 이른 많은 이들은 심각한 위기를 경험한다. 그들은 인생이 엉망진창이 되었음을 한탄하며 초조해한다. 이러한 분열 상태에서 그들은 자기 자신과 타인을 견뎌내지 못한다. 그러면서도 혼자 있기 싫어하며 누군가를 만나고 싶어 한다. 하지만 누구를 만나도 신경에 거슬릴 뿐이다. 그러면 그들은 인간들 사이의 애정이 죽었다는 둥, 자기를 위해 시간을 내줄 사람은 존재하지 않는다는 둥 온갖 불만을 토해낸다.

초기 수도승들에게 있어 감정 및 열정을 다루는 것은 영성생활의 중심 주제였다. 지루함은 곧 우울함과 연관되고 나태함은 기분을 무겁게 한다. 자기 자신에게로만 침잠하게 하는 이러한 상태는 오늘날에도 많은 이들을 고달프게 한다.

고독 속에서

나는 사람들과 대화할 때마다 그들이 불평하는 소리를 듣게 된다. 그들은 자기가 항상 혼자라고, 주위에 자신을 안아 줄 사람이 아무도 없다고, 개인적인 문제에 관해 이야기 나눌 사람이 없다고 불평한다. 이러한 불평을 통해 알 수 있는 것은, 보호받고 싶고 친밀한 관계를 유지하고 싶어 하는 그들의 동경이다. 나는 이러한 동경에 말을 걸어, 다른 사람과의 친밀한 관계에서 기대하는 것이 무엇인지 묻는다. 그러면 다음과 같은 답이 나온다.

"그냥 내 옆에 존재하는 사람, 나를 참아 줄 수 있는 사람, 내가 힘들 때 도와주는 사람, 나를 이해하는 사람, 나를 판단하지 않는 사람, 내가 두려워할 필요가 없는 사람을 원합니다. 나를 부드럽게 쓰다듬어 주는 사람, 방금 생각난 것을 스스럼없이 말할 수 있는 사람을 동경합니다."

그러면 나는 이렇게 반문한다.

"당신은 자신에게 가까이 갈 수 있습니까? 당신은 자신을 부드럽게 대할 수 있습니까? 당신은 판단하거나 평가하지 않고 있는 그대로의 스스로를 바라볼 수 있습니까? 당신은 당신 안에 있는 상처 입은 꼬마에게 안식처를 선물할 수 있습니까?"

사람들은 자기 스스로에게조차 줄 수 없는 것을 다른 사람으로부터 기대하고 있는 것이다. 자기 자신에게 가까이 가지 못하는 사람일수록 친밀한 관계 안에서 보호받고 싶은 동경이 크다. 이러한 동경을 스스로에게 직접 만족시켜 줄 수는 없다. 우리를 보호해 줄 사람이 필요하다. 그리고 우리가 보호받고 있음을 인식할 수 있도록, 치유하시고 사랑하시는 하느님이 필요하다. 그렇다고 해서 다른 사람이나 하느님에게서만 이러한 보호를 요구해서는 안 된다. 우리는 가장 기본적인 것을 알아야 한다. 즉 다른 사람과 하느님으로부터 오는 친밀감과 보호를 우리 것으로 받아들이기 위해서는 먼저 자기 자신에게 가까이 가야 하고, 자기 자신과 친밀해져야 한다는 것이다. 보호받고자 하는 동경 때문에 수동적이 되어서는 안 된다. 오히려 우리가 자기 자신에게 가까이 가도록, 이미 우리 곁에 있는 사람들을 위해 자신을 개방해야 한다. 그들에게 다가갈 때 비로소 우리는 그들이 가까이 존재하고 있었음을 깨닫게 된다. 홀로 버려졌다며 고독 속에 웅크리고 있으면 아무도 우리 곁에 다가오지 못하게 된다.

소망 없는 불행

오스트리아 작가 페터 한트케의 『소망 없는 불행*Wunschloses Unglück*』이라는 작품이 있다. 그는 여기에서 자신의 어머니의 일생을 건조한 문체로 묘사한다. 그녀는 시골의 가톨릭 가정에서 태어나 성장했고, 불행한 결혼생활을 하다가 51세의 나이에 수면제 과다 복용으로 숨을 거두었다.

이 단편은 담담하면서도 감동적으로 한 여인의 일생을 서술하고 있다. 그녀는 꿈을 잃어 가고 있었다. 앞날에 대한 희망이 완전히 사라지자 그녀는 우울함에 빠지게 된다. 그녀의 절망적인 환경은 납덩이처럼 무거운 우울함으로 확인된다.

"달콤한 것은 무위無爲가 아니라 노동이었다. 남은 것은 아무것도 없었다. 눈을 둘 데도 없었다. 여자의 호기심은 무례함으로 취급되었다."

꿈을 위한 공간은 없었다. 그저 우울하고 절망적인 일상이었다. 일상에 익숙해진 사람들은 단조로움을 극복하기 위하여 환상이나 소망을 포기한 채 기계적으로 일을 해치울 뿐이었다. 어린아이들에게서조차 소망을 발견하는 것은 어려웠다. "소망을 진지하게 표현한다는 것은 우스꽝스러운 일이었다"라고 아들 한트케는 회상한다.

"성탄절에도 이 세계에서는 새로운 일이 일어나지 않았다. 평소에 필요한 것들이 선물로 오고갔다. 사람들은 속옷, 스타킹, 손수건 등을 주고받으면서 마침 그것이 필요했노라고 말했다."

"소망은 없는데 어쨌든 극소수의 행복한 사람들이 있고, 대부분의 사람들은 소망 없이 조금씩 불행했다."

아들은 어머니가 이 절망적인 인생으로부터 그냥 '사라져 버리겠다는' 결정을 내린 데 놀랐다고 한다. 한트케는 이 작품에서 어머니의 본질 뿐 아니라, 많은 이들의 숨은 감정을 정확하게 묘사했다. '부족함 없이 행복하다'wunschlos glüklich라는 독일어 표현이 있다. 현재 모습 그대로의 자기 자신에게 그리고 자신의 상황에 대해 '예스'라고 말할 수 있으려면 거기에는 내적인 행복이 전제되어야 한다. 오직 내적인 부富, 정신의 부를 발견하는 사람만이 스스로 행복하다고 느끼게 되기 때문이다.

무엇인가를 변화시킬 희망이 없는 사람은 내면적으로 가혹해진다. 많은 사람들은 이러한 희망 없는 상황에서 냉소적이 되고 우울해진다. 그는 '소망 없이 불행하다'wunschlos unglüklich. 그는 자신의 인생과 평화협정을 맺지 않았다. 그는 만족하지 않는다. 그에게는 성공한 삶에 대한 꿈으로서의 탈출구조차 없다. 꿈조차 사라져 버렸다. 활기를 느낄 수 있는 것이 아무것도 없다. 모든 것이 텅 비었다. 단조로움만이 끝없이 그를 지배하고 힘들게 한다. 그에게는 의무와 일상의 무미건조함에 대항할 만한 그 무엇도 없다. 그에게는 자신만의 환상의 세계를 창조할 수 있는 가능성이 남아 있지 않다. 자신의 좁은 세계에서 벗어나기 위한 환상조차 그에게 주어지지 않았다. 다른 세계에 대한 동경도 그에게는 없다. 인생이 '소망 없는 불행'으로 흘러들어간다.

깊은 심연

동경은 다양하면서도 항구적이다. 여론조사는 실제로, 다른 정서적 표현 양식이나 욕망의 변화와 더불어 동경의 대상이 지난 몇 년 동안 변화한 과정을 체계적으로 보여 준다. 동경은 시대 정서에 좌우되었으며, 정치·사회적 상황에 따라 다른 형태를 보여 주었다. 전쟁 위기가 만연한 시기에는 평화가 동경의 대상이었다. 텔레비전에서 테러 장면을 본 사람은 마음속으로 안전과 보호를 원하게 된다. 정체성이 해체되는 시기에는 고향과 은신처에 대해 보다 강한 욕구의 흔적이 나타난다. 특정한 방향이 없는 다원론적 사회에서는 명료함과 단순함에 대한 동경이 높아진다. 원리주의도 인간 영혼에 깊이 뿌리박힌 안전과 존속에 대한 동경의 표현이다. 반대로 독재체제하에서는 자유, 개방, 광활함을 동경한다.

미국에서는 가계家系를 연구하는 데 에너지와 시간을 투자하는 사람들이 늘고 있다고 한다. 확실히 사람들은 자기 정체성을 확인하고 역사성을 확립하기 위해 뿌리를 발견하고 싶어 한다. 인정받고 확인받는 것만으로는 부족하다는 것을 깨달았던 것이다. 그것만으로는 살 수 없다. 보다 깊은 근원을 알고 싶은 것이다.

동경은 사회·문화적 상황이나 삶의 형편에 따라 다양하게 표현되고 있지만 한 가지 공통점은, 궁극적인 목표가 현실 세계 '뒤편'에 있는 어떤 것이라는 점이다.

게으름뱅이의 천국

광고란 이전에는 존재하지 않았던 어떤 것에 대한 욕구를 일으키는 것이라고 누군가 흥분하여 말한 적이 있다. 광고는 특정 상품에 감상과 의미를 '부여함으로써' 제 기능을 가진다.

광고는 많은 부분에서 동경을 이용하고 있다. 그중에서도 특히 행복에 대한 욕망에 말을 건넨다. 우리는 광고를 통해 돈으로 행복을 얻을 수 있으리라는 착각에 빠지게 된다. 광고는 우리에게 '여기에서 지금 당장' 행복을 살 수 있다고 말하고 있다. 한 마디로 중독이 자본화된 것이다. 중독을 동경으로 변화시키는 것이 아니라 그 반대의 결과를 낳게 된다.

결과만 생각한다면, 광고의 목표는 구매 중독, 즉 사람들로 하여금 계속해서 돈으로 상품을 구입하고자 하는 욕망을 부추기는 것이기 때문이다. 흥미로운 것은 광고 문구에 종종 종교적인 표현이 이용된다는 점이다. 광고에서는 종종 지상에서도 천국이 이룩된다고 말한다. 가령 특정 자동차를 운전하는 배우는 '여신'이 되고, 새로운 시디플레이어를 구입하는 사람은 '천상의' 소리를 즐길 수 있다.

광고는 근원적인 동경에 말을 건다. 사람들의 무의식에 아로새겨진 동경을 자극하면 그들을 유혹할 수 있고 그들의 영혼을 지배할 수 있다는 것을 광고주는 알고 있다. 이에 대항하는 유일한 치료 수단은 우리의 동경을 의식적으로 관찰하고, 가장 심오한 동경이 무엇인지 그리고 그것을 어떻게 만족시킬 수 있는지 자기 자신에게 묻는 것이다. 사람이 무의식 상태일 때 그는 조종당하기 쉽다. 반면, 동경을 의식하고 있는 사람에게는 광고가 아무런 영향을 미치지 못한다. 광고에 의해 조종되고 있다는 것을 그가 이미 꿰뚫어 알고 있기 때문이다.

광고의 목표는 유아적인 동경이다. 이것은 게으름뱅이의 천국에 대한 동경, 나의 모든 소원이 이루어지는 동경이다. 심리학자 파스칼 브루크너는 소아증을 우리 시대의 특징이라고 말한다. 모든 것이 가능하고, 세상이 자신의 천진난만한 소원을 모두 이루어 주리라고 생각하는 사람은 유아적이다. 게으름뱅이의 천국에 대한 동경은 성숙하지도 어른스럽지도 못하다. 성숙한 사람의 동경은 이 세계를 뛰어넘어, 최종적으로 동경을 성취시켜 줄 수 있는 진정한 현실을 목표로 한다.

끝없는 갈증

알코올 중독, 일 중독, 마약 중독, 쇼핑 중독, 탐식증, 병적인 체중 감량, 섹스 중독, 게임 중독, 탐욕, 질투 … 이들 뒤에는 무엇이 숨어 있을까?

중독의 바닥까지 내려가 보면 결국 동경과 연관되어 있음을 알게 된다. 우리는 절대적인 것을 추구하고 그것을 꽉 붙잡으려고 한다. 우리는 행운을 찾아내 억압한다. 술이 기분을 좋아지게 하면 그걸로 끝일까? 그것이 전부이고 영원한 것이었을까?

중요한 것은 우리의 중독을 끝까지 생각하는 것이다.

내가 계속해서 새로운 물건을 사들이는 것에 열중해 있다면 한번 생각해 보자. 나는 정말로 그 물건에 만족하는 것일까? 내가 물질적으로 충분히 소유하게 될 날은 과연 올 것인가?

내가 책상에서 벗어날 수 없다면 나는 대체 어떤 목적을 좇고 있는 것일까? 무엇이 나를 끊임없이 반복하도록 강요하는가?

채워지지 않는 탐욕 위에 온갖 것을 다 쌓는다 한들, 파트너를 끊임없이 바꾼다 한들, 이 모든 충만의 한가운데에는 내적 공허가 생겨나고 동경은 오히려 더 커진다. 끝없는 반복으로는 만족될 수 없다. 이게 전부일까? 아니면 더 많은 것을 동경하는 것일까? 전혀 다른 현실을 동경하는 것은 아닐까?

나의 위대한 목표는 항상 새로운 것으로 흘러가 버린다. 그 어떤 세속적인 것, 물건, 성공, 그 어떤 유명인도 우리의 내적인 불안을 위로하지는 못한다. 심층심리학자 칼 구스타프 융은 'Spiritus contra spiritum'라는 말을 인용하며, 영은 술을 거스른다고 말한 바 있다. 영에 대해 열린 태도만이 알코올 중독을 극복할 수 있다는 것이다. 그는 알코올 중독 환자에 대해 다음과 같이 설명한다. "환자의 알코올 중독은 낮은 단계에서는 온전함에 대한 인간의 정신적 갈증, 즉 중세 언어로 하느님과의 합일에 대한 인간의 갈증과 일치한다."

알코올 중독자였던 한 여인이 술을 통해 이르고자 했던 자신의 동경에 대해 쓴 글이 있다.

"어린 시절을 회상해 보면 나는 항상 명명할 수 없는 어떤 것을 찾고 있었던 것 같다. 행복과 안락함을 추구하고 있었는지도 모른다. 그것을 발견했더라면 나는 외롭지 않았을 것이다. 사랑받고 받아들여진다는 것이 어떠한 것인지 알고, 사랑을 줄 수도 있었을 것이다. 나는 나 자신과 인생에 만족하면서 이 세상과 평화롭게 지냈을 것이다. 자유, 개방, 기쁨이 충만함을 느꼈을 것이다."

그녀의 욕망은 결국 영적인 갈망이었으나 자신의 동경을 성급하게 술에 익사시키고 만 것이다. 알코올 중독에서 회복된 그녀는 자신의 연약한 동경이 결국은 완전함에 대한 깊은 갈증이었음을 깨닫는다. 중독을 동경으로 변화시킬 때 우리는 그것을 극복하게 된다.

작은 도피

"아무것도 아닌 듯이 사라지자!" 오늘날의 일반적인 모습이다.
미국 작가 손튼 와일더의 정곡을 찌르는 표현도 있다. "우리는 강제로
집으로 쳐들어오려는 사람들에 대해서만 이야기한다. 그러나 세상에는
집 밖으로 뛰쳐나가려는 사람들이 더 많다."

그는 오늘날 꽉 짜인 일상으로 고통받고 병들어 있는 많은 이들의 영
혼 상태를 분명하게 콕 집어 말하고 있다.

"아무것도 아닌 듯이 사라지자!"

그들은 상처가 난 후 딱지가 앉은 관계로부터 벗어나기를, 이미 끝나
버린 결혼생활에서 탈출하기를 원한다. 결코 줄어들지 않고 오히려 점
점 더 늘어나기만 하는, 무거운 짐처럼 그들을 짓누르는 많은 의무들로
부터 벗어나기를 갈망한다. 우리는 이것을 진지하게 받아들여야 한다.

단 한 순간도 자신의 욕구를 채울 여력이 없는 독신모獨身母가 있는가
하면, 다른 사람들로부터 인정도 받지 못한 채, 홀로 병든 어머니를 돌
보는 딸이 있다. 일을 좀 줄이고 싶어 하는 변호사가 있지만 외부 상황
이 그를 점점 더 과중한 업무로 몰아가고 있다. 이들은 모두 (결국에는
실패하고 말겠지만) 자신의 책임으로부터 도망치고 싶어 한다.

불가능한 동경을 품고 있는 사람들이 할 수 있는 일이 무엇일까? 성취될
수 없는 동경은 좌절을 안겨 주는 것이 아닐까? 혹은 이렇게 생각할 수

도 있다. 억압하지 않고 허용하는 동경은 그들의 짐을 덜어 준다고 ….

　우리는 동경을 정신의 진지한 표현으로 보아야 한다. 다시 말해 동경 안에서는 늘 '언젠가 한 번은 …' 하고 소망해 봄직한 희망들이 자란다. 작은 탈출을 꿈꾸는 환상이 자라고 있는 것이다.

먼 곳에의 동경

고향과 안전에 대한 갈망은 뿌리 깊은 감정이다. 그러나 정반대의 동경도 있다. 그것은 새로운 것, 모험을 지향한다. 매년 외국 여행을 하는 수많은 여행객들은 근본적으로 외국에 대한 깊은 동경에 사로잡혀 있다. 외국에 대한 동경은 완전히 새로운 것에 대한 동경이다. 그들은 익숙한 위치에서 내려오고 싶어 한다. 시원적인 상태의 더럽혀지지 않은 인생을 낯선 곳에서 느끼고 싶어 한다. 그들은 길을 떠난다. 차로 넘치는 고속도로를 달리고, 비행기를 타고 가서 드넓은 다른 나라와 이국적인 고장에서 낙원을 찾는다.

외국에 대한 동경과 향수는 밀접한 연관이 있다고 존 쉬버는 다음과 같이 정의했다.

"먼 곳에 대한 동경은 배를 탄다고 해결되는 것이 아니다. 이것은 종종 향수의 한 형식 즉 미지의 것, 혹은 우리 자신 안에 있는 발견되지 않은 것에 대한 동경일 뿐이기도 하다."

많은 사람들은 집에서 잃어버린 고향을 외국에서 찾는다. 그러나 그 여행은 결국 자기 자신에게 이르는 여행이 된다. 실제로는 아주 가까이에 있는 것을 그들은 멀리서 찾고 있는 것이다. 다름 아닌 자신의 마음속 비밀의 공간, 즉 진정한 내 집을 느낄 수 있는 내적 공간을 찾고 있는 것인데도 말이다.

탈출

바캉스 시즌의 매 주말마다 예외 없이 수 킬로미터의 교통 체증이 반복된다. 종종 자동차들이 60킬로미터까지 꼬리에 꼬리를 물고 늘어서 있기도 한다. 온 세상이 남쪽 나라에서 휴양하기 위해 일상에서 벗어나 피난을 가고 있는 것처럼 보인다. 매년 휴가를 떠나는 그들은 무엇을 갈망하는 것일까? 단지 일상으로부터 벗어나 원기를 회복하려는 것일까? 추위를 피해 남쪽에서 따뜻한 태양을 즐기려는 것일까? 아니면 자신의 좁은 일상 세계와는 다른 곳에서 새로움을 느끼고 싶은 것일까? 이 모든 것들은 사람들을 자극하여 여행하고 싶게 하는, 내면 깊숙이 잠재되어 있는 동경들이다.

에른스트 블로흐는 여행에 대한 욕구가 사람들의 활기를 유지시키고 항상 새로운 자극을 준다고 말한다. "여행에 대한 욕구가 새로운 것을 갈망하도록 도와준다."

인류 역사의 대서사시가 이에 대해 말해 주고 있다. 오디세우스의 모험은 우리 인생의 모습이다. 낭만주의의 추진력은 이국적인 것, 방랑과 여행에 대한 동경이었다. 시와 소설에는 무한함에 대한 동경이 담겨 있다. 이러한 동경은, 대중매체들이 전 세계를 우리의 안방까지 실어다 주고, 세계 어디든 관광객의 발길이 닿지 않는 곳이 없는 오늘날까지 계속되어 왔다.

많은 관광객들은 고향의 맥주, 평소에 먹던 음식 그리고 독일 텔레비전이 방송되는 익숙하고 안락한 곳, 즉 전형적인 관광지로 여행을 간다. 만약 그들이 아주 먼 곳을 선택한다면, 그들은 그 낯설고 이국적인 것에 적응하지 못할지도 모른다. 사실 그들은 낯선 것이 아니라 친숙한 것을 찾고 있기 때문이다. 이국적인 '모험 여행'에서조차 그들은 이렇게 모험을 흉내내고 있을 따름이다.

이와 반대로 어떤 이들은 오늘날에도 여전히 이국적인 것에 대한 동경으로 길을 떠난다. 그들은 새롭고 낯선 것에 대한 시원적이고 낭만적인 동경을 느낀다. 그들은 낯선 고장에서 자신의 내면에 있는 새로운 모습을, 그들 스스로가 새로운 방법으로 경험할 수 있는 어떤 것을 예감한다. 이것은 익숙한 것을 파괴하고 싶은 동경, 새로운 모습으로 변신하고 싶은 동경, 새로운 가능성과 여유에 대한 동경이다.

휴가를 통해 새로운 활력을 얻고자 했던 여행객들의 동경이 이루어지지 않는다면, 그리고 부부가 휴가에 대한 서로 다른 기대로 인해 휴가 내내 끊임없이 다투게 된다면, 또 그들이 투숙한 호텔이 안내 책자와는 다르다면, 이들은 어떻게 반응할까?

반응은 둘로 나뉜다. 우선 크게 실망하고 화를 내며 일상으로 돌아간다. 그들은 전혀 쉬지 못했다. 일상의 음울함으로부터 벗어나려 했던 그들의 시도는 실패했다. 그들은 계속 일상의 절망적인 쳇바퀴에서 소망 없는 불행을 찾는다.

또 다른 이들은 휴가를 멋지게 포장하느라 여념이 없다. 친구들에게 사진과 비디오를 보여 주며 모두가 감탄하기를 바란다. 자기가 보낸 휴가를 뭔가 특별한 것으로 묘사하면서 사실이 아닌 것을 과장하여 친구들에게 떠벌리기도 한다. 그렇다고 그것이 매번 성공하는 것은 아니다.

상상의 세계에 머물러 있는 사람들도 역시 실망을 맛보게 마련이다. 나는 보스니아에 주둔했던 군인들을 만난 적이 있다. 그들은 고향으로 돌아와 아내와 여자친구에게 자신의 무용담을 들려주려 했지만 그것에 관심을 기울이는 사람이 아무도 없었다. 일 년 동안 페루에서 장애 아동들을 보살폈던 어느 여대생은 자신의 힘든 경험에 아무도 관심을 기울이지 않는 씁쓸함을 맛보아야 했다.

더 이상 도전받기를 원치 않는 세계, 날씨나 바겐세일 등에만 관심 있는 세계에서는 새로움과 변화에 대한 갈망이 자라지 않는다. 고독과 나태가 자랄 뿐이다.

아이의 동경

아이의 동경을 부정적으로만 보아서는 안 된다.

"개성이 강한 사람들의 특징은 자신의 내면에 숨겨진 어린아이의 동경을 허락하지 않는다는 것이다."

캐나다 언론인 리즈 보르뷰의 이 말은 심리학과 일반적인 생활 안에서도 확인할 수 있다. 겉으로는 자신 있게 보이는, 경제나 정치 분야에서 성공한 개성이 강한 사람들도 실제로는 성숙한 사람들이 아니다. 그들은 자신 안에 숨어 있는 어린아이의 동경을 절대로 허용하지 않는다. 겉으로는 강하고 성숙하고 지적이고 조화로운 사람처럼 보이지만 자신의 그림자를 숨기고 있다. 그들의 문제는 과거에 내면의 아이를 (미래의 동경 때문에) 억압했다는 점이다. 그럼으로써 그들에게서 원초성, 창조성, 활기, 부드러움, 믿음직한 하느님상에 대한 내면의 이해 등이 사라졌다.

그들에게 동경이란 어리석은 것이고, 어른으로서 버려야만 하는 것이다. 이러한 태도는 그들을 접근할 수 없는 엄격한 사람으로 만든다. 아무도 그런 사람들 옆에 오래 머물고 싶어 하지 않는다. 그들에게는 사람들을 밀어내는 무엇인가가 있다. 이런 사람들과 함께 있으면 불편하다.

유아적이거나 성숙하거나

무엇을 동경하느냐고 물으면 많은 사람들은 대답할 것이다. 고향과 보호, 사랑과 부드러움, 평화와 조화, 순수와 명료함 그리고 행복했던 유년 시절 …. 이 모든 것은 결국 낙원에 대한 동경 그 이상도 이하도 아니다. 정신분석학자 지크문트 프로이트는 낙원에 대한 동경을 유아적인 후퇴의 한 형태, 즉 어머니의 품에 대한 동경일 뿐이라고 말한다.

정신분석학에서는 인간이 자신의 동경에서 벗어날 때 비로소 성숙해진다고 한다. 이런 분석이 꼭 맞다고 할 수만은 없다. 물론 어리석은 꿈들도 있다. 그리고 낙원을 영원히 보호받는 게으름뱅이의 천국과 혼동해서도 안 된다.

그런데 프로이트의 성숙 범주에 대한 분석적 태도가 나에게는 전혀 매력적으로 여겨지지 않는다. 희망도 동경도 없이 현재 그대로의 인생에 만족하는 사람이 정말 성숙한 사람일까? 우리 위에 하늘이 없는 것처럼? 모든 것이 그저 투영일 뿐이라고? 그렇게 사는 사람의 인생은 체념으로 일관된 지상 생활이 될 뿐이다.

물론 현실을 벗어나기 위한 도피적인 동경도 있다. 그러나 동경은 결국 활기를 준다. 그것이 활기를 주는 동경인지, 억압하는 동경인지는 개개인에게 그리고 사회에 미치는 영향으로 알게 된다. 이러한 정서의 이중성은 개개인에게서뿐 아니라 사회에서도 드러난다. 여론조사 연구원 엘리자베트 노엘레 노이만은 언젠가 이렇게 말했다. "안전에 대한 동경은 민주주의에 대한 끊임없는 위협이다."

그러면서 그녀는 아주 진지한 의미에서, '초자아'인 국가에 바라는 유아적인 안전에 대한 동경을 언급한다. 민주주의 국가는 이러한 안전을 결코 충족시킬 수 없다. 안전(고향)에 대한 동경을 국가 쪽으로 투영시키게 되면 정부에 과중한 부담을 주게 된다. 그렇다고 해서 고향에 대한 동경을 억압하면, 사회 분위기는 냉랭해지고 비인간화된다.

고향을 동경하는 것은 인간의 본성이다. 인터넷을 통해 짧은 시간 안에 전 세계를 서핑하는 세대 역시 "의미, 지지 그리고 안전을 추구하고 있다"고 여가 연구가인 호르스트 오파쇼브스키는 확신한다. 또한 그는, 우리의 활동을 결정하는 감정들과 위태롭고 미숙한 꿈들을 구별하는 능력이 중요하다고 말한다.

과거와 향수

아놀드 슈타들러는 『동경Sehnsucht』이라는 제목의 소설을 발표하면서, "개 줄을 잡고 뒤쫓아 가듯이 나 자신의 동경을 뒤따라가며 썼다"고 말한 바 있다. 동경이란 계획된 것이 아니면서도 사람을 과거와 미래 이리저리로 끌고 다닌다. 슈타들러는 어린 시절의 이야기, 사춘기의 욕구, 즉 최초의 성 경험과 여러 가지 '첫' 경험들에 대해 회상한다. 그러나 실제로는 잃어버린 시간, 이제는 불가능한 마법에 대해 이야기하고 있는 것이다.

"과거가 오늘의 내게 향수이듯이, 미래는 과거의 내게 동경이었다."

소설 속 화자話者는 시간과, 명목상의 진보가 낳은 상실에 대해 이야기한다. 이 감정은 시간이 흐르면서 해체된 많은 단어들과 가치들을 관찰하는 장면에서 그 절정을 이룬다. 그는 어느새 "희망이 재미로, 소망이 웰빙으로, 인간이 소비자로, 동경이 재미와의 어울림으로, 실존이 더 멋지게 살기로 바뀌었지만 — 내 경우는 아니었다"고 말한다. 자기 자신과 자신의 동경에, 즉 "내가 가졌던 것과 보았던 것만이 전부일 수 없다는 희망에 충실했다"고 한다.

오늘날 실제로 소비사회를 살고 있는 거의 모든 사람들은 언제 어디서든 돈만 있으면 모든 욕구를 채울 수 있다. 그러나 이러한 소비사회에서도 동경은 사라질 수 없다고, 슈타들러는 말한다. 오늘날 동경이 향하는 곳은 짝짓기 광고라고 한다. 이 광고는 사랑, 인정받고 과시하고자 하는 동경으로 가득하다고 한다. 소설의 화자는 이러한 광고의 과장되고 우스꽝스러운 자기 선전, 즉 자신이 '소중한 사람이기를, 충만한 선물 상자이기를, 모두를 포용하는 사람이기를 바라는 것'이 바로 사랑과 안전에 대한 동경이라고 한다. 슈타들러는 등장인물들을 미화하지 않고, 그들의 우스꽝스럽고 때로는 비극적인 면까지도 그대로 보여 준다. 신학을 전공한 그는 작가로서도 신학적인 태도를 취하는데, 소설의 주인공들에게 연민을 느끼기 때문이라고 한다.

타인에게 연민을 느끼는 사람은 그 어떤 것도 미화해서는 안 된다. 사라져 버린 동경이나 길을 잃은 동경도 미화해서는 안 된다.

고향에 대한 동경

우리는 어디에서 고향을 발견하는가? 언제 고향을 찾는가?

경험에 의하면, 우리는 고향을 떠나 있을 때 고향에 대한 그리움이 가장 절실하다. 영화감독 에드가 라이츠는 "고향에 대해 생각하기 시작했다는 것은 이미 고향에서 멀리 떨어져 있다는 뜻이다"라고 말한 적이 있다. 그는 젊은 시절 대도시로 나온 뒤, 고향과 사람들 그리고 그들의 작은 세계, 즉 훈스뤼크 산에 대한 유명한 시리즈 영화를 제작했다. 서사적인 이 영화에서 고향은 사람들이 떠나온, 그리고 다시 돌아가고 싶어 하는 장소로 그려졌다. 그의 영화는 오랫동안 혈연과 땅으로 상징되던 고향이라는 단어의 의미를 새롭게 일깨워 주었다.

팝 가수 헤르베르트 그뢰네마이어는 고향을 특정한 장소로만 여기지 않는다. 그는 노래한다. "고향은 장소가 아니다. 고향은 감정이다."

고향은 내가 완전히 받아들여진다는, 집에 머무르고 있다는, 휴식을 취한다는, 있는 모습 그대로 존재하려는 감정이다. 스위스 작가 막스 프리쉬도 비슷한 경험을 했다. "고향은 우리가 이해하고 우리를 이해하는 사람들이 있는 곳이다." 고향은 내가 이해하고 나를 이해하는 사람들을 발견하는 그런 곳이다.

언제나 고향은 어린 시절의 경험과 관련이 있다. 고향에서는 무엇을 성취하려고 하지 않는다. 많은 사람들이 어린 시절 살았던 고향으로 돌아가길 원하고 고향은 그들을 무조건 받아들인다. 하지만 그들이 어린 시절을 보낸 고장을 방문해 보면 그곳이 더 이상 그들의 고향이 아님을 깨닫게 된다. 부모님의 집도 마찬가지다.

"비밀이 살고 있는 곳에서만 고향을 느낄 수 있다." 어린 시절이 각인된 비밀과 만날 때만 나는 고향을 느끼게 된다. 비밀이란 원초적으로 집에 속하는 것, 나에게 친근한 것이다. 집에 있다는 것을 느끼기 위해서는 친숙할 뿐만 아니라, 무어라 칭할 수 없는 그 어떤 것처럼 나를 감싸 주는 그리고 나의 영혼에는 친숙하지만 멀어져 버린 곳으로 나를 데리고 가는 신비로움이 필요하다.

고향은 어린 시절을 보낸 장소일 뿐만 아니라 미래, 즉 우리가 돌아갈 본향을 암시해 준다. 바오로가 필리피인들에게 보낸 편지의 내용은 결국 옳았다. "우리는 하늘의 시민입니다"(필리 3,20). 우리의 일생을 포괄하는 통찰이다.

작가 하인리히 융 슈틸링은 태어난 고향과 장차 가게 될 고향 사이의 긴밀한 연관성을 말한다. "가장 아름다운 이 두 곳은 태어난 고향과 앞으로 방랑해 가야 할 고향이다."

헤르만 헤세는 동경을 상실한 사람들까지도 고향에서 위로를 받는다는 것을 알고 있었다. "꿈의 샘조차 바짝 말라 버렸다. 하지만 믿어라! 너의 길 마지막에 고향이 있을 것이다."

고향에 대한 동경은 과거에 머물지 않고 우리의 여정에 생기를 더해준다. 이 길은 우리를 종종 낯선 곳으로, 우리가 지켜야만 하는 미지의 땅으로 데려간다. 낯선 곳에서 우리는 고향을 동경한다. 그렇다고 항상 고향에 머물러 있어서는 안 된다는 것을 우리는 알고 있다. 그랬다가는 인생을 경험하지 못한 채 방에 처박혀 있는 사람이 될 것이다.

테오도르 폰타네는 낯선 곳과 고향의 긴장 관계를 알고 있었다. "낯섦을 통해, 우리가 고향에서 가지고 있던 것이 무엇인지 깨닫게 된다." 낯선 모험을 감행하는 사람만이 고향에 대한 의식을 새롭게 얻는다. 그는 잃어버린 고향을 동경하면서 낯선 것 한가운데서 고향을 찾고, 집에 머물고 있다는 느낌을 주는 공간을 마련하는 것이다. 사랑이 있는 곳에 고향이 생겨난다.

불만과 불안

자기 자신과 인생에 대한 깊은 불만은 우리의 기분을 늘 저조하게 하며 이것은 불안과 방랑으로 이어진다. 사람들은 목적 없이 이리저리 헤매 다니며 자기 자신으로부터 도망치려 한다. 정신도 육체도 불안정하다. 중심이 없다. 서 있지 못하고 기대어 쉴 곳도 없다. 이것은 병적인 불안이다. 병적인 불안은 우울함의 징후이다.

영혼의 불안정은 끊임없는 잡담과 호기심으로 나타난다. 잡담은 대화의 죽음이다. 우리는 많은 토크쇼에서 문화 속의 잡담을 경험할 수 있다. 사람들은 말을 많이 한다. 그러나 이것은 대화로 발전하지 않는다. 아무도 귀를 기울이지 않기 때문이다. 사람들은 끊임없이 말의 주제를 바꾸지만 다른 사람을 받아들이지는 않는다. 그들은 자기 자신을 빛내기 위해 남을 이용할 뿐이다. 심리학자 부허러 홀덴펠트는 이러한 경향을 '뿌리 깊은 언어 붕괴'라 한다.

"사람들은 자신의 내면이 텅 비고 무감각하다는 것을, 또 자신의 귀가 멀어 있음을 깨닫는다. 그들은 본질적인 것을 말하지 않고, 이러한 상태를 점점 더 시끄러운 잡담으로 은폐한다. 잡담을 통해 모든 것을 다 알고 있고 관심이 많은 듯한 인상을 풍기지만 금세 허물어지고 만다."

독일의 실존주의 철학자 마르틴 하이데거는 1927년에 펴낸 『존재와 시간*Sein und Zeit*』에서 호기심에 대해 잘 설명했다. 하이데거는 호기심을 '가까운 것에 특별히 머무르지 않는 것', '이리저리 흩어져서 한 곳에 머무르지 않는 것'이라 한다. 호기심은 "새로운 것으로부터 다시금 새로운 것으로 도약하기 위해서만 새로운 것을 찾는다. 여기에서 중요한 것은 이해하는 것도, 알고 있는 진리에 안주하는 것도 아니라" 이것에서 다른 것으로 도약하는 것이다. 그러나 본질적으로 모든 것은 다 똑같다. 정말로 중요한 것은 없다. 결국은 '새로움에 대한 탐욕'을 뜻한다. 사람들은 자신의 진실을 외면하기 위해 항상 "새로움에 대한 경험을 갈망한다".

탄탈로스의 고통

프랑스의 실존주의 철학자이자 작가인 알베르 카뮈의 『반항인*Der Mensch in der Revolte*』에서는 인간들의 기이한 고통에 대해서 말하고 있다. 이 고통은 인간들이 이 세상을 충분히 소유하지 않았다고 생각하기 때문에 생긴다. 카뮈는 이러한 인간을 "기이한 세계 시민, 자기 고향에서 추방된 사람"이라 부른다.

"찬란한 완성의 순간을 제외한 나머지 모든 현실이 그들에게는 불완전한 것이다. 그들은 다른 일에 전념하다가, 어느 순간 돌아와서는 마치 탄탈로스의 물처럼 더더욱 낯선 지류로 도망친다. 지류를 알고, 강의 흐름을 지배하고, 인생을 운명으로 받아들이는 것, 그것이 그들의 진정한 동경이다."

인간은 이 세상의 아름다움을 실컷 누리고 싶어 한다. 이 세상의 보물을 양손에 쥐고 싶어 한다. 그러나 그것을 얻는 순간 이 세상이 뒷걸음친다는 것을 깨닫게 된다. 카뮈는 그리스 신화 가운데 탄탈로스의 이야기를 빗대어 말한다. 물 속에 서 있는 벌을 받은 탄탈로스가 물을 마시려고 허리를 구부리면 물은 달아났다. 얼굴을 살짝 스칠 듯한 높이에는 나뭇가지에 맛있는 과일들이 달려 있었지만 잡으려고 하면 과일들이 그로부터 멀어졌다. 결국 그는 물도 과일도 먹을 수 없었다.

많은 인간들은 이 세상에서 위와 같은 경험을 한다. 그들은 존재의 욕구를 즐기고자 한다. 하지만 그들이 그것을 잡자마자 이 욕구는 도망친다. 인간은 이런 깊은 갈증을 달래기 위해 물의 흐름을 지배하고자 즉 인생을 장악하고자 한다. 이러한 동경은 결코 채워지지 않는다고 카뮈는 말한다. 동경은 오직 덧없는 죽음의 순간, 그 한 순간에 이루어질 뿐이다. "그 순간 모든 것이 완성된다. 사람들은 그 한 순간을 살기 위해서 존재 자체를 영원히 포기해야만 한다."

무신론 철학자인 카뮈가 여기에서 인식한 것을 예수는 이미 2천 년 전에 말했다. 그러나 예수는 우리가 죽을 때만 동경이 성취된다는 식으로 위로하지는 않았다. 예수에게 있어 이 세상의 우리는 이미 죽은 것이기 때문이다. 예수를 믿는다면 우리는 지금 이 순간 "죽음에서 생명으로 건너갔다"(요한 5,24).

이 세상과 우리를 일치시키는 것을 포기한다면, 즉 이 세상에서 죽는다면 '지금 이 순간' 우리의 동경이 성취되는 것을 느낄 수 있다. 그러나 이러한 성취를 계속 잡고 있을 수는 없다. 진정한 성취는 완전히 우리 자신을 망각하고 동경에 몰입하는 순간에 존재한다. 이러한 순도 높은 몰입을 '죽음'이라 한다. 이러한 죽음에 익숙한 사람만이 자기의 동경이 성취되는 것을 지금 이 순간에 경험하게 된다. 그러나 이 동경은 최종적으로 성취된 것이 아니다. 이 잠정적인 성취는 우리 안에서, 우리가 영원히 하느님의 품 안에 안기게 되고 더 이상 우리 자신에게 매달리지 않을 때 오게 될 최후의 결정에 대한 동경을 일깨운다.

잊혀진 소망들

동경은 정치 · 사회적 상황에 따라서뿐만 아니라, 나이에 따라서도 변한다. 동경에 대해 연구한 철학자 에른스트 블로흐는 노인들이 동경하는 특정한 형태에 대해 말한다. "마지막 한 가지 소망, 즉 안정에 대한 욕구가 노인들의 가장 큰 소망이다."

노인들이 동경하는 것은 자신과의 조화를 통한 내적 안정보다는 외적이고 구체적인 편안함이다. 그들은 방해받고 싶지 않기 때문에 더 이상 새로운 것을 감행하지 않는다. 노인들은 낯선 침대에서 자고 싶지 않다. 익숙한 것만을 원한다. 젊은 시절, 그들은 많은 소망들을 포기해야 했다. 이제 경제적으로는 그것들을 성취할 수 있게 되었지만 "갈증은 재가 되어 버렸다"고 블로흐는 말한다. 그렇다면 현재도 마찬가지다. 그들은 현재 익숙한 것에도 만족하지 못한다. 그렇다고 새로운 것에 적응하느니 차라리 만족스럽지 못한 낡은 것을 택한다. 새로운 것에 적응해야 하는 상황은, 불만에 가득한 노인을 더욱 의기소침하게 만든다.

반면에 현명한 노인들도 있다. 그들의 동경은 변한다. 그들은 고요와, 존재의 비밀을 향해 마음의 문을 여는 내적인 안정을 갈망한다. 융은 상담을 원하는 어떤 사람에게 다음과 같은 거절 편지를 썼다.

"나에게 대화는 점차 고통이 되어 갑니다. 단어들의 무의미함으로부터 벗어나 원기를 회복하기 위해서 나에게는 여러 날의 침묵이 필요합니다. 나는 이제 막 여행을 떠나려는 참인데, 달리 할 일이 없을 때만 뒤

를 돌아봅니다. 이 여행은 그 자체로 이미 커다란 모험이지만 상세하게
이야기하고 싶은 주제는 아닙니다."

그가 대화를 거절한 이유가 새로운 것에 대한 두려움 때문이 아님은
분명하다. 다른 것, 즉 죽음에 가까워진 그는 이제 막 새롭게 열리는 이
인생의 비밀을 스스로 느끼고 싶었던 것이다. 가장 심오한 동경을 만족
시켜 준 하느님을 향해 침묵하면서 자신을 개방하려는 순간이다.

탐욕과 자유 사이

돈은 자유에 대한 동경, 물건을 마음대로 사용하는 능력에 대한 동경, 영향력을 발휘하는 능력에 대한 동경과 직결된다. 돈은 이러한 목적을 달성하기 위한 가장 효과적인 수단이다. 돈이 있는 사람은 그가 '어떤 사람이든 상관없이' 무엇이든 할 수 있다. 많은 사람들이 바로 그런 것을 꿈꾼다. 금전욕은 (돈이라는 수단에만 집착하는) 이러한 소원들의 중독 현상 중 하나다. 오로지 돈만 바라보고 부를 추구하며 사는 사람은 결국 자유롭지 못하게 되고, 자신을 재물이라는 울타리 안에 가두게 되는 것이다. "돈은 전도율이 높지만 쉽게 고립되는 금속이다."

수단과 목적이 뒤바뀌는 경우가 종종 있다. "돈은 좋은 하인이자 못된 주인이다"라는 속담도 있듯이, 돈이 수단 아닌 주인의 역할을 하는 경우가 자주 발생한다.

우리는 늘 이런 의문을 가져야 한다. 돈이 정말로 다양한 삶의 가능성을 제공해 주는 것일까? 돈이 정말로 우리에게 자유를 줄까? 도리어 의존과 부자유로 얽어매는 것은 아닐까?

돈이 곧 행복을 의미하지는 않음을 우리는 안다. 조사에 따르면, 가난한 나라의 국민들이 부자 나라의 국민들보다 대부분 더 행복을 느낀다고 한다. 독일에서 행해진 장기간의 설문 조사에 따르면, 지난 수십 년 동안 복지 수준은 높아진 반면 사람들의 만족도는 그에 미치지 못한다고 한다. 결국 남은 문제는, 무언가를 이루기 위한 수단으로 돈을 이해

하는가 아닌가 하는 점이다. 그리고 이 수단을 어떻게 다루어야 하느냐
는 점이다.

베네딕도 수도원의 관리인이자 재무 담당자로서 나는 매일 돈을 다루
어야만 한다. 나는 돈과의 관계에서 (일차적으로는 돈을 벌고 다음으로
는 올바르게 사용하기 위한) 상상과 창조성을 개발할 것을 촉구받고 있
다. 내가 중요하다고 여기는 프로젝트에 지원하려는데 돈이 없었던 경
험을 여러 번 했기 때문이다. 이러한 맥락에서 상상을 개발한다는 것은
한편으로는 돈을 추구하는 오늘날의 욕구를 받아들이는 것을 의미한다.
또 다른 한편으로는 오늘날의 금융 경제를 이용하는 것, 즉 생각을 통해
돈을 버는 것을 의미한다.

돈의 가장 중요한 과제는 인간에게 봉사하는 것이다. 내가 돈을 버는
것은 부자가 되거나 무엇을 사기 위해서가 아니고, 사람들에게 봉사하
기 위해서다. 돈은 사람에게 봉사해야 하는 것이지 그 반대가 되어서는
안 된다. 많은 사람들은 직장에서 가능한 한 많은 돈을 벌어들이라는 압
박에 시달리고 있다. 돈에 대한 왜곡 해석이다. 돈을 잘 다루는 사람은,
회사가 어려워졌다고 곧장 직원의 절반을 해고하고 경기가 나아지면 다
시 채용하는 식의 우를 범하지 않는다. 대신 한 번쯤 회사 내에 내핍 기
간을 도입할 수 있다.

돈을 업신여겨서는 안 된다. 그렇지만 돈을 탐해서도 안 된다. 중요한

것은 내적인 자유다. 돈의 편에서도 사람들이 점점 더 많은 돈을 벌지 않으면 안 되게 하는 독자적인 동력을 개발할 수 있다. 내가 말하는 자유는 무엇보다도 내적인 자유를 의미한다. 내가 돈을 다루고 있긴 하지만 그렇다고 끊임없이 돈에 대해 생각하고 있는 것은 아니다.

돈을 손에서 놓아 버릴 수 있어야 한다. 그래서 돈을 잃을 수도 있겠지만 돈이 내적으로 나를 규정하게 해서는 안 된다. 나 개인에게 돈은 도를 넘지 않게 하는 징표가 된다. 내가 묵상 중에도 돈을 생각하고 있다면, 그것은 돈이 나에게 큰 영향을 미치고 있다는 증거가 된다. 그것은 경고의 표시다. 그러면 나는 내적으로 돈과 거리를 두어야 할 필요성을 느끼게 된다.

베네딕도 성인은 수도원 관리인에게 특히 올바른 중용을 요구하신다. 수도원 관리인은 인색해서도 낭비해서도 안 된다. 할 수 있다고 모든 것을 다 해서는 안 된다. 돈과 경계를 그어야 한다. 내가 수도원을 더욱더 키우려고 한다면 언젠가는 중용을 잃게 된다. 그러면 자유도 잃는다. 이것은 물론 수도원 관리인에게만 해당되는 것은 아니다.

만족할 수 없어

만족할 수 없어, 만족할 수 없어

노력하고, 노력하고, 노력하고, 노력해도

만족할 수 없어, 만족할 수 없어

차를 타고 가는데, 라디오에 어떤 사람이 나와

쓸데없는 정보들을 마구마구 쏟아내고 있네

내 상상에 불을 붙이려고 …

유명한 팝그룹 롤링 스톤즈의 히트곡 중 하나다. 이 곡은 삶에 대한 불굴의 동경, 즉 신뢰와 성취에 대한 욕구를 표현한다. 롤링 스톤즈 멤버들이 신앙심이 깊다고 할 수는 없지만 이 노래를 통해 그들은 본질적인 것을 표현하고 있다.

이 노래가 수많은 사람들을 감동시킨 것은 아마도 다음과 같은 이유 때문일 것이다. 약속, 성공, 관계, 돈, 칭찬 등등 … 그 무엇도 실제로는 만족을 줄 수 없다는 것을 우리는 모두 체험했다. 우리는 그것들을 기쁘게 누릴 수는 있지만 그것만으로 살지는 못한다. 그것들이 우리의 동경을 충족시켜 주지도 않는다. 성공과 갈채만을 생각하고 오로지 이런 만족만을 추구하는 사람은 이것에 중독되고 내적 자유를 잃는다.

66세가 된 롤링 스톤즈의 베이스, 빌 와이맨은 최근에 독일 기자에게 고백했다, 록 스타의 삶이라는 것이 많은 사람들이 상상하듯 그렇게 빛나는 것만은 아니라고. "나는 집의 안락함을 느끼지 못하고 항상 수족관의 금붕어처럼 살아갑니다. 주변에는 술과 마약이 넘칩니다. 그것들은 영혼을 파괴한답니다"(2002년 11월 15일 「쥐트도이췌 차이퉁」).

영혼에게는 다른 것이 필요하다. 중독은 파괴적이고 의존적이기 때문이다. 대중에게 갈채를 받는 유명한 가수라 할지라도 혼자 호텔 방에 있으면 고독과 비참함을 느낄 수 있다. 그는 성공만으로 살 수 없음을 깨닫는다.

갈채처럼 점점 사라지는 것이 아닌 다른 무언가가 필요하다. 우리 개개인은 내면의 부, 평화, 명예, 절대적인 자유, 보호에 대한 확신이 필요하다. 우리가 마음속 깊이 갈망하는 것들 즉 신뢰, 보호, 사랑, 자유, 명예, 인생, 진실, 명료함 그리고 빛은 먼 곳에 있지 않다. 많은 사람들이 동경하는 무대의 번쩍이는 조명에 있지도 않다. 바로 우리 자신의 내면에 있다.

영원히 이리저리 헤매며

나는 동경의 목적을 달성하고 싶지 않습니다. 나는 이룰 수 없는 동경이 멋있다고 생각합니다. 동경은 실현되는 순간 사라져 버리기 때문입니다.

「쥐트도이췌 차이퉁」과의 인터뷰에서 우도 유르겐스가 한 말이다. 이제 곧 70세가 되는 이 록 스타는 7천만 부 이상의 앨범 판매고를 올린 매우 성공한 대중가수로, 600여 곡의 노래를 직접 작곡하기도 했다.

그의 인터뷰 내용은 좀 뜻밖이다. 사람들은 동경이 이루어지지 않기 때문에 불평한다. 그런데 우도 유르겐스는 바로 이 이루어지지 않는 동경이 사람을 행복하게 만든다고 한다. 동경은 우리에게 계속해서 무엇인가를 찾게 하고, 계속해서 새로운 길을 가도록 자극한다. 동경은 우리에게 활기를 주고 마음을 넓게 해 준다. 동경은 창조의 샘이다. 결코 도달할 수 없는 것에 대한 동경은 이 대중가수 겸 작곡가로 하여금 노래로 만들어 부르게 했던 그 샘이 분명하다. 그리고 이것이야말로 많은 사람들이 꿈꾸며 이루고자 했던 바로 그 동경인지도 모른다.

우도 유르겐스는 기자에게 "내 영혼은 둘로 갈라졌습니다"라고 말했는데, 이는 그의 인생의 내적 긴장에 대한 표현이자 그가 작곡한 노래 가사이기도 하다. 이 노래에서 그는 어떻게 살고 있으며 인생을 어떻게 이해하는지 표현한다.

동경과 양심 사이에서, 영원히 이리저리 헤매며

느끼는 것은 여기에, 아는 것은 저기에 있고

위험 속에서 다치고, 대립 속으로 가네

여기는 너무 춥고, 저기는 너무 뜨겁다

지식과 동경 사이의 긴장은 우리를 활기차게 한다. 그러나 이 긴장이 대립을 야기할 수도 있다. 지식과 동경 사이의 올바른 균형을 발견하는 것, 그 안에 분명 삶의 기술이 있다.

우리는 지식과 동경, 두 가지가 모두 필요하다. 오로지 동경만 가지고 사는 사람은 그것 때문에 불에 타 버릴 수 있다. 오로지 지식만으로 사는 사람은 차가워질 것이다. 지식의 차가운 세계에 온기를 불어넣기 위해 동경은 필요하다.

더러움과 깨끗함

우리는 특별한 경험이 주는 깊은 감동을 온몸으로 느낀다. 지치고 땀에 젖어 귀가하면 시원하게 목욕하고 싶다. 목욕을 하고 나면 몸의 더러운 먼지뿐 아니라 하루 동안 내 안에 쌓인 온갖 쓰레기가 다 씻겨졌음을 느낀다. 깨끗해진 느낌은 우리 안에서 참된 순수함에 대한 동경을 일깨운다. 이 감정은 단순한 몸의 체험을 뛰어넘는다. 비평적인 시각에서 볼 때, '더러운 빨랫감'에 대해 말하는 것이 무의미하지만은 않다. 매일같이 금융 비리, 회계 부정, 부패 스캔들 기사로 시끄러운 이 시대에 우리는 깨끗함을 동경한다.

우리에게는 다르게 살아야 한다는 심오하고 확실한 느낌이 있다. 투명하고 순수한 사람, 즉 순수하게 생각하고 속임수를 쓰지 않는, 부당한 방법으로 치부하지 않으면서 자신의 과제를 해내는 사람을 우리는 동경한다. 더러움에는 전염성이 있다고 한다. 우리는 밖에서부터 밀려들어오는 더러움에 금세 빠져들게 된다. 외부의 더러움들에 오염되도록 우리 자신을 방치하고 있기 때문이다. 이것은 사소하고 일상적인 것에서 분명히 나타난다. 어떤 사람이 이웃이나 직장 동료에 대해 욕을 하면, 우리는 그에 대해 분명한 느낌도 없으면서 욕하는 사람에게 동조한다. 그러면 낯선 노여움이 나의 것과 뒤섞이게 되고 스스로가 더러워졌음을 느낀다. 때로는 나중이 되어서야 그것이 우리에게 얼마나 나쁜 영향을 미쳤는지 알게 되기도 한다. 다른 사람의 감정과 나의 것이 먼지층처럼 내 안에 차곡차곡 쌓인다. 이러한 상황에서 우리는 내적인 깨끗함과 외적인 깨끗함을 함께 동경하게 된다.

초기 수도승들도 마음의 순수함에 대해 이야기했다. 그것이야말로 그들의 목적이었던 것이다. 그들은 소유욕을 배제한 순수한 사랑, 계산하지 않는 순수한 자선, 자신을 추켜세우지 않는 순수한 우정을 동경했다. 순수한 마음에 도달한 사람은 자신의 그림자를 상대에게 투사하지 않고, 있는 그대로의 그 사람을 본다. 속임수 없이 있는 그대로의 사물을 받아들인다. "깨끗한 사람들에게는 모든 것이 깨끗합니다"(티토 1,15).

우리는 모든 사람 안에 있는 순수함에 대한 동경을 알아보는 깨끗한 마음을 동경한다. 그의 순수함은 주위까지도 깨끗하게 만든다.

자유의 족쇄

앤소니 드 멜로는 말한다. "동경이 족쇄가 될 수 있다. 자유에 대한 동경도 마찬가지다. 자신의 자유에 대해 걱정하는 사람은 결코 자유롭지 못하다. 자족하는 사람만이 자유롭다."

중요한 것은 올바른 중용이다. 자유를 동경하는 자신의 주변에서만 맴돈다면 동경 자체가 걱정거리가 되고 만다. 자유에 대해 걱정한다면 자유롭지 못하게 된다. 스스로에게 예스라고 말할 때만 자유로울 수 있다. 중요한 것은 내가 있는 그대로의 나 자신과 화해하는 것이다.

진정한 동경은 나로 하여금 자신의 단점 그리고 한계와 화해하도록 인도한다. 반대로 나를 더욱 편협하게 만들고 얽어매는 동경은 지금의 내 현실을 지나쳐 갈 뿐이다. 그렇다. 이런 동경은 나의 현실을 인정하지 않는다. 그러고는 작은 동경이 성취될 때만 나는 비로소 만족해한다. 나와 하느님이 온전히 하나인 지금 이 순간 이미 모든 것을 가지고 있다는 사실을 절대로 인정하려 하지 않는다.

옛 사람들이 생각했던 동경은 하나되는 경험을 피하는 것이 아니라, 그 경험에 내적인 긴장을 주는 것이다. 이 동경은 '하나됨'을 활기차게 유지하면서, 모든 것이 뒤죽박죽 섞이지 않도록 잘 보호한다.

우리는 어디로 가는 겁니까?
– 항상 집으로 갑니다

정직한 본성 ● 겉모습 뒤편 ● 진정한 재산 ● 역설 ● 영혼의 행복한 샘 ● 과중한 부담을 주지 마라 ● 자신의 모습으로 성장하기 ● 실망은 우리를 깨어 있게 한다 ● 모든 것이 너무 많아지면 ● 완전히 순간에 존재하기 ● 조화와 긴장 ● 핸드 브레이크를 당겨 놓고 운전하지 마라 ● 타고르의 지혜 ● 아름다움에 전염되다 ● 영혼의 불 ● 마법의 언어 ● 위험한 꿈 ● 세상을 변화시키는 꿈 ● 진정한 삶 ● 전조前兆, 예감 ● 평생 지속되는 소망 ● 불가능을 가능으로 ● 보이지 않는 것이 더 가깝다 ● 변화 ● 사물의 향기 ● 열린 하늘 ● 한시도 비지 않는 식탁 ● 영혼의 양식 ● 끝없이 넓은 바다 ● 새로운 자유를 향해 ● 변신의 언어 ● 칠흑 같은 밤에 ● 불을 밝히다 ● 영혼의 밤 ● 동경과 성性 ● 하나되기 ● 낙원 ● 어지럽다, 타오른다 ● 사랑의 무한한 충만 ● 사랑의 굶주림 ● 마음 안에 사랑이 있다 ● 열정 ● 거룩한 안정 ● 방랑과 정주 ● 방랑자의 마음을 유지하라 ● 마음이 평온해질 때까지 ● 단순하게 생각하라 ● 살아지는 대신 살기 ● 너의 손수레를 별에 매달아라

정직한 본성

철학자 에른스트 블로흐가 90세 생일날 인터뷰에서 말했다.

"나는 지금까지 살아오면서, 동경이야말로 인간이 지닌 단 하나의 정직한 성품이라는 것을 알았습니다."

그의 말은 옳다. 인간은 모든 것을 거짓으로 꾸밀 수 있다. 도덕심을 과시하고 위장할 수 있다. 사랑을 가장할 수 있으며 거짓으로 예의를 차릴 수도 있다. 이기적인 동기에서 남을 돕기도 한다.

단 한 번만이라도 우리 자신의 태도를 솔직하게 주시해 보자. 정의는 냉혹함과 뒤섞일 수 있고, 타인에 대한 애정은 소유욕과, 타인에 대한 도움은 권력욕과 뒤섞일 수 있다. 그러나 단 한 가지, 동경을 조작할 수는 없다. 인간이 자신의 동경 그 자체이기 때문이다. 동경은 실제로 인간에게 있는 가장 정직한 본성이다. 동경은 그냥 존재한다. 원하든 원하지 않든 동경은 우리 마음 안에서 움직인다. 동경하는 곳에서 인간은 자기 자신의 마음을 만난다. 우리는 동경을 단기간의 목표, 예를 들면 로또 당첨이라든가, 축구팀의 승리 같은 것에 둘 수도 있다. 하지만 이러한 동경 안에도 보다 궁극적인 동경 즉 인생의 성공이나 행복에 대한 동경이 포함되어 있다.

아우구스티누스는 모든 동경 안에, 한마디로 완전함에 대한 동경, 절대에 대한 동경이 살아 있다고 한다. 동시에 이러한 동경은 지금 있는 그대로의 내가 아직 목표에 도달하지 않았다는, 지금의 상황이 여전히 발전하고 있다는, 근원에 다가가고 있다는 솔직한 고백이기도 하다.

　동경은 가장 정직한 감정이다. 뿐만 아니라 동경은 내 자신의 삶에 솔직하도록 도와줄 수도 있다. 우리는 자신의 생활을 멋지게 치장해야만 하는 사람들을 자주 만난다. 그들이 자랑하는 휴가는 완벽하고 환상적이다. 그들의 여행은 정말 특별한 경험이다. 그러나 어쩌면 그들은 무언가를 감추기 위해서 자신들의 생활을 장밋빛으로 덧칠하고 있는 것은 아닐까. 사실 그들의 생활이란 그저 평범할 뿐이다. 휴가 동안 부부 사이에 많은 갈등이 있었을 수도 있다. 그러나 밖으로는 자신들의 조화로운 부부 관계를 열광적으로 자화자찬한다. 자신들이 한 일은 무조건 옳다는 것을 과시하지 않고는 못 배긴다. 그러나 무대 뒤를 들여다보면 전혀 다른 광경이 펼쳐져 있다.

　동경은 나로 하여금 삶을 솔직하게 바라보도록 한다. 나는 과장할 필요가 없다. 다른 사람에게 내 경험이 얼마나 특별한지, 그리고 내가 내면에서 얼마나 큰 발전을 이룩했는지 증명해 보일 필요가 없다. 나는 있는 그대로의 나를 받아들인다. 나는 평범하지만 노력하고 있으며, 성공하기도 하고 때로는 실패도 한다. 감수성이 예민하다가 무뎌지기도 한다. 영성적인 동시에 피상적이기도 하다. 나는 있는 그대로의 내 인생을 받아들인다. 나의 동경이 이 생을 초월하기 때문이다. 나는 동경을 조작하지 않는다. 동경은 그저 거기 있을 뿐이다. 그리고 동경이 있는 그곳

에만 참된 인생이 있다. 동경을 마주하는 그곳에서 나는 삶의 흔적 안에
있고, 나 자신의 활기를 발견한다. 그리고 보다 왕성한 삶의 활기 안에
서 나 자신의 한계를 극복한다.

겉모습 뒤편

우리는 대개 사람들을 업적으로 평가한다. 그들이 직장에서 어디까지 진급했는지, 얼마나 많은 지식을 습득했는지, 얼마나 많은 재산을 모았는지 묻는다. 하지만 이것들은 한 인간의 겉모습일 뿐이다. 『예언자』의 저자 칼릴 지브란은 다른 관점을 제안한다. "다른 사람의 마음과 이성을 이해하기 위해서는 그가 이룬 업적 말고 그의 동경을 보라."

칼릴 지브란은 직관적으로 명료하게 말한다. 사람의 동경을 보아야만 그의 마음과 이성을 제대로 이해할 수 있다는 것이다. 동경이 인간의 마음을 볼 수 있는 눈을 제공한다는 것은 분명 맞는 말이다.

소유는 종종 마음의 눈을 가린다. 출세의 사다리를 오르고 있는 사람은 내면 깊숙한 곳의 움직임을 모른 체한다. 그들은 깔끔하고 합리적으로 행동하고, 자신 있는 태도로 다른 사람들과 교제한다. 일을 할 때는 객관적인 원칙을 지킨다. 그러나 이런 것만 가지고는 이들의 마음이 실제로 어떤 모습인지 알 수 없다. 오로지 소유만을 동경하는 사람의 마음은 항상 불안하고 불만으로 가득할 것이다. 오로지 성공만을 동경하는 사람의 마음은 냉랭하게 얼어붙어 있을 것이다. 그러나 진실, 사랑, 정의, 선행을 동경하는 사람의 마음에는 생기가 있다.

그러나 이보다 더 놀라운 것은 칼릴 지브란이 앞으로 한 발 더 나간다는 것이다. 지브란은 어떤 사람의 동경을 볼 때야 비로소 그의 이성도 이해하게 된다고 말한다. 일반적으로 이성과 동경은 대립적이다. 그런

데 지브란은 동경 안에 이성도 포함시키고 있는 것이다. 욕구를 빨리 만족시키려고만 하고, 단기간 내에 이익을 얻으려고만 하는 사람의 이성은 보잘것없다. 그의 지능은 아주 높을지 모르지만, 이성은 아직 개발되지 않았다. 동경을 현실적으로 획득할 수 있는 재산으로 여기는 사람만이 진정한 이성을 지니고 있는 것이다.

이 세상을 초월하는 곳을 지향하고 그곳에 도달할 수 있는 자산만이 우리의 동경을 만족시킬 수 있다. 즉 사랑을 동경하는 사람은, 자신을 사랑하고 자신이 사랑할 수 있는 구체적인 대상만을 갈망하는 것이 아니다. 사랑의 동경에는 사랑하고 사랑받는 것 그 이상인 무한한 사랑에의 갈망도 감추어져 있다. 그것은 사랑 그 자체이고자 하는 동경이다. 사랑 그 자체이고자 하는 사람은 순수하다.

아름다움도 이와 같다. 아름다움을 동경하는 사람은 아름다움을 관찰하면서 자기 자신을 망각하고자 하고, 아름다움에 속하고자 하고, 직접 아름다움이고자 하는 것이다. 이것은 정의, 진실, 선행, 자비, 지혜와 같은 자산에도 해당된다. 이러한 자산들은 누구나 얻을 수 있다. 그리고 이것들은 또 우리가 모든 한계를 뛰어넘어 그 무한함에 이르도록 도와준다. 무한함을 동경하는 사람은 참으로 현명하다. 그의 이성이 모든 표피적인 것을 꿰뚫고, 삶 전체를 올바르게 평가하기 때문이다.

진정한 재산

"바라는 것이 없는 사람은 가난하지 않다. 더 많이 소유하고자 하는 사람이 가난하다."

얼마 전 주가가 폭락했을 때 갑자기 금융 자산을 몽땅 잃어버린 사람들을 위로하고자, 한 주식 전문가가 위의 중국 격언을 인용했다. 2천 년 전, 서양과는 전혀 다른 문화권의 이 통찰은 사실 오늘의 현실에 꼭 맞아떨어진다. 격언은 인간의 마음을 꿰뚫어 보고 있다.

오늘날 많은 사람들은 부를 갈망한다. 그들은 충분히 가지고 나면 비로소 안정을 찾게 될 거라고 생각한다. 소유는 독특한 매력을 행사한다. 그러나 갈망한 것을 소유하고 얼마 안 있으면 더 이상 그것이 즐겁지 않게 된다. 다시 일상이 되어 버린 것이다. 그러고 나면 또 다른 것을 더 많이 소유하고 싶어진다. 그리고 또 그것에 매력을 잃게 된다.

소유와는 달리, 동경은 손에 잡히지 않는 것처럼 보인다. 그렇지만 "동경하는 것만이 우리의 재산이다. 소유한 것은 이내 모두 잃어버리게 된다".

"내가 동경하는 것, 그것은 내 마음 안에 있다. 그것은 완전히 내게 속하고, 아무도 내게서 빼앗아 갈 수 없다. 그 어떤 욕심쟁이나 홍수, 불길도 내가 동경하는 것을 파괴할 수 없다. 그것은 내 마음 안에 있다. 나의 참되고 실질적인 재산이다"(알프레트 폰 하르나크).

역설

독일어의 '동경'Sehnsucht은 중독, 병 그리고 아픔의 의미를 함께 지닌다. 그러나 빌헬름 라베는 다르게 본다. "올바르게 동경하고 있을 때, 인간의 마음은 가장 행복할 수 있다."

동경하고 있을 때 행복하다? 어떤 체험이 작가로 하여금 이러한 인식에 이르게 했을까?

무엇인가를 갈망하는 사람의 행복은 이미 성취를 경험한 사람이 느끼는 행복과는 다르다. 그는 인생에서 필요한 것들을 아직 다 가지지 못했기에, 흡족한 마음으로 몸을 기대어 있을 수만은 없다.

그런데 역설적이게도, 동경하는 사람은 필요한 것을 이미 다 가지고 있다고 볼 수 있다. 극도로 궁핍한 경우에도 그의 영혼은 흡족한 마음으로 내면 깊은 곳을 동경하기 때문이다. 그러므로 동경하는 사람은 만족스러운 순간이나 실망스러운 순간들을 다 초월하게 된다.

실제로 그것은 맞는 말이다. 동경하는 사람은 그날의 사건에 전전긍긍하지 않는다. 오늘 하루의 일이 잘 되었는지 안 되었는지, 예상했던 방문객이 왔는지 안 왔는지, 오늘의 만남이 즐거웠는지 고통스러웠는지 … 이런 것들 때문에 동요하지 않는다.

동경은 사랑의 역설과 같다. 사랑에 빠진 사람은 스스로 사랑 때문에 병에 걸렸다고 느끼는 동시에 더없이 행복하다. 그는 애인을 갈망하면서 사랑의 행복을 느낀다. 동경 역시 우리에게 독특한 행복을 선사한다.

이 행복은 우리에게 오는 행복이자 우리를 기다리는 행복이다. 우리가
갈망하는 이 행복은 동경과 함께 이미 우리 안에 존재하는지도 모른다.
이 행복은 절대 파괴될 수 없는데, 역설적이지만 아직 실재하지 않기 때
문이다. 우리가 하느님 안에 이를 때 이 행복은 비로소 완전한 충일充溢
로 주어진다.

사막 교부들은 질병과 불행 가운데서도 결코 빼앗길 수 없는 불멸의
기쁨이 있음을 이야기했다. 동경을 통해 우리 안에 이러한 불멸의 기쁨
이 살게 된다.

영혼의 행복한 샘

인간을 동경에서 벗어나게 하여 현실로 인도하는 것이 심리학의 과제라고들 한다. 그러나 심리치료사인 클라우스 렌은 다른 방법을 제안한다. 렌은 동경에서 오히려 본디의 충만한 삶으로 가는 길을 본다.

"특별한 방식으로 일상적인 행동들 뒤에 있는 동경을 따른다면, 당신은 충만한 삶의 흔적에 닿게 된다. 마치 '그것'이 저절로 당신 힘의 원천과 결합하는 것처럼 말이다. 그리고 극히 개인적인 심층 저변에는 당신 자신에 대한 새로운 관념과 상像이 저절로 생기는데, 그것들은 이미 치유되었으며 에너지를 생산해 낼 수 있다. 내적인 삶은 기쁨, 즐거움, 욕구, 깊은 의미를 동경한다. 당신 깊은 곳에서 이 모든 것들의 근원이 되는 한 가지 기쁨, 지극히 행복한 샘이 기다리고 있다."

클라우스 렌처럼 동경을 영혼의 지극히 행복한 샘으로 가는 길로 이해하는 한, 동경은 결코 현실도피를 의미하지 않는다. 이 길은 우리의 일상을 스쳐가는 것이 아니라 뚫고 지나가기 때문이다. 일상적인 행위를 의식적으로 인지함으로써 우리는 말하고 생각하고 행동하는 모든 것 뒤에 숨어 있는 동경을 발견한다. 동경은 표피적인 것에 집착하고 있는 우리를 해방시키고, 우리 자신의 영혼 속을 더 깊이 들여다보게 한다.

우리는 영혼 안에서 내적인 힘의 원천과 만난다. 동경은 우리를 우리 자신의 심연으로 안내한다. 그리고 그곳 심연에서 (신비주의자들은 이

곳을 '영혼의 바닥'이라고 한다) 우리는 기쁨과 진솔한 감정들에 대한 동경을 만난다. 영혼이 동경하는 것은 한마디로 순수함이다. 즉 아직까지는 관습에 의해 은폐되지 않고, 자기 자신이나 낯선 기대에 의해 왜곡되지 않은 원초적인 순결함이다.

이것은 실제로 심리치료의 한 방법이기도 하다. 이 방법은 우리를 영혼의 바닥에서 솟아오르는 힘의 샘으로 데려간다. 우리가 가장 깊은 샘에서 퍼 올리는 것은 기쁨이다. 기쁨은 영혼의 바닥, 즉 깊은 내면에서 우리를 기다리는 행복한 샘 안에 있다.

우울함에 빠진 사람도 이 동경을 인지하고, 안내자로 선택할 수 있다. 우리는 우울한 감정들을 뛰어넘어야 한다. 그 안에 파묻혀서는 안 된다. 이러한 우울함과 슬픔은 기쁨, 평화, 사랑, 활력, 자유가 기다리는 근원으로 우리를 데려가는 동경을 일깨우기도 한다. 이처럼 우리가 끝까지 따라가는 감정들은 우리를 행복의 근원과 만나게 한다. 우리가 몸에서 의식하는 감정들은 모두 우리를 움직인다. 움직이게 되면 우리는 이런 감정들을 통해서 영혼의 밑바닥에 이르게 된다. 이곳에서 우리는 완전히 나 자신이 되고, 진정한 본질과 하나가 된다. 모든 기쁨의 근원이자 행복의 샘인 하느님과 하나가 된다.

과중한 부담을 주지 마라

현실의 삶이 고되다 하여 비현실적인 소망의 세계로 달아나는 것은 아무런 도움이 되지 않는다. 동경은 우리로 하여금 현실을 전적으로 받아들이고 억압하지 않도록 돕는다. 우리 안에서 이 세상 저편의 것에 대한 동경, 이 세상을 초월하는 어떤 장소에 대한 동경을 느낀다면, 우리는 삶의 진부한 현실을 이념적으로 무시하거나 미화하지 않고 있는 그대로 받아들일 수 있다. 그러면 우리는 비록 사랑하는 연인이 절대적인 사랑에 대한 깊은 동경을 만족시켜 주지 않는다 해도 실망하지 않는다. 또 인간으로서는 결코 충족시켜 줄 수 없는 기대를 함으로써 아내나 남편에게 부담 주는 일을 하지 않게 된다. 사람들은 사랑하는 사람에게 치료해 달라고, 구원해 달라고, 해방시켜 달라고, 자신의 인생에 궁극적인 의미를 선물해 달라고 요구한다. 그러나 이런 것은 그 어떤 인간도 충족시켜 줄 수 없다.

동경은 우리가 서로 인간적으로 교제하고, 상대를 현재 모습 그대로 받아들일 수 있도록 인간에 대한 기대를 객관화한다. 그러면 우리는 상대를 절대자로 설정하지도 않고, 비교할 수조차 없는 하느님과 혼동하지도 않는다.

자신의 모습으로 성장하기

신학자 칼 라너는 고향 프라이부르크에서 열린 자신의 80세 생일 파티의 답례 인사에서 키르케고르의 말을 인용했다. "현재의 내가 미래의 나를 그리워하며 인사를 합니다."

위대한 신학자의 인사에서는 비애와 만족감이 함께 묻어났다. 이 말은 청중들에게도 깊은 인상을 남겼다. 위대한 업적을 이루며 휴식 없는 인생을 살아온 80세의 노신학자가 현재의 모습이 자신이 원했던 모습이 아니라고 고백할 수 있다는 것, 그것이 바로 라너의 위대한 내면을 증명해 주었던 것이다.

우리도 이러한 분열을 경험하게 될지도 모른다. 모든 사람에게는 선망하는 모습들이 있다. 그리고 이 모습에 이르기를 갈망한다. 차분하고 다정한 사람, 자제력을 지닌 사람, 활기차고 자유롭고 개방적인 사람이 되고 싶다. 인생이 사랑으로 충만하기를 바란다.

하지만 평범한 우리가 경험하는 것은 대개가 고통스럽다. 우리의 인생은 사랑과 미움, 절제와 무절제, 친구와 적, 활기와 경직 사이에서 산산조각 난다. 아마도 우리는 평생 동안 갈망할 것이다. 성장하기를, 더욱더 성숙하기를, 만족과 균형 그리고 사랑을 갈망할 것이다.

키르케고르의 말을 체념적인 의미로 이해할 수도 있다. 그러면 동경은 자기 연민에 빠지는 위험에 처하게 될 것이다. 우리는 본디 되고 싶었던 사람이 될 수 없는 현실을 가엾이 여기는 자기 연민 속에서 익사하게 될 것이다. 이러한 동경은 성장을 돕지 못한다. 진실을 정확하게 바라보지 않으려는, 고작 도피와 같은 것이 될 따름이다.

반대로 우리는 키르케고르의 문장을 전혀 다르게 이해할 수도 있다. 선망하는 나 자신의 이상형이 있다면, 나를 쭉 뻗어 내면으로 향하면 된다. '동경하다'의 본래 의미가 '앞으로 쭉 당겨진 화살'임을 안다면, 바로 여기에서 새로운 관점을 찾아낼 수 있을 것이다. 즉 동경은 내면에 이미 마련된 내 모습으로 천천히 성장하는 방법을 가르쳐 준다는 것이다. 성장하는 나의 모습이 본질에 일치하는지, 아니면 현실에서 벗어나고 싶어 하는 환상에 불과한지를 항상 주의 깊게 관찰하기만 하면 된다.

실망은 우리를 깨어 있게 한다

실망도 삶의 한 부분이다. 가족이 우리를 실망시키고, 직장도 우리를 낙담하게 한다. 우리 자신 때문에 실망하기도 한다. 이것을 인식하는 것은 가슴 아프다. 사람들은 이런 고통스런 인식을 피하고 싶어 한다. 그러나 거기에는 위험이 도사리고 있다. 피하기만 하면 우리는 끊임없이 자신으로부터 도망치게 되고 결코 평온함에 이르지 못한다. 동경을 마주 대할 때 비로소 우리는 자기 자신, 일, 실수, 약점 등을 인정하게 된다. 우리 자신을 만족시킬 필요가 없게 된다. 동경이 그 모든 것을 뛰어넘기 때문이다.

가장 아름다운 소명만이 동경을 만족시켜 줄 수 있을 뿐이다. 동경은 모든 것을 객관화한다. 그럼으로써 동경은 더욱더 성공하고 인정받기 위해 끊임없이 노력 분투해야 하는 우리를 해방시켜 준다. 동경은 우리가 스스로에게 씌운 굴레로부터 우리를 해방시켜 준다.

나는 많은 사람들이 자기 자신의 곁이 아니라 다른 사람의 곁에, 즉 다른 사람들이 그들에게 기대하는 바 옆에 머물러 있는 것을 본다. 그들은 이런 기대들을 꼭 이뤄야 한다고 생각하기 때문에 스스로를 억압한다.

동경은 자신과 만나도록 도와준다. 그걸 느낀다는 것은, 내가 내 마음 안에 있다는 것이다. 마음 안에서는 다른 사람들의 기대가 나에게 권력을 휘두르지 못한다. 동경은 인생의 실망들을 체념으로 받아들이지 않게 지켜 준다. 반대로 실망은 동경을 깨어 있게 해 준다.

진정한 동경은 인생에서 겪은 실망과 더 잘 지낼 수 있도록 도와준다. 이것은 많은 대화를 통해 분명해진 사실이다. 근원적인 것과 인생의 비밀에 대한 동경은 성취나 실망에 의해 자극받는다.

친구와의 대화를 즐기다 보면, 그 친구에 대한 완전한 이해와 일치를 동경하게 된다. 이런 동경은 나로 하여금 대화의 깊이를 인식하고, 다시 거기에서 빠져나와 나 자신을 초월하도록 도와준다. 근사한 휴가를 통해 우리는 절대적인 자유와 활기를 동경하게 된다. 이런 동경은 휴가의 진정한 의미와 약속을 깨닫도록 도와준다. 그렇게 되면 휴가가 끝나더라도 다시 일상의 허무함에 빠지지 않을까 두려워할 필요가 없게 된다. 휴가가 일깨워 준 동경이 내 안에서 활기차게 그리고 효과적으로 움직이기 때문이다.

동경은 성취의 방해물이 아니다. 오히려 사랑, 보호, 만남, 행복을 충만하게 인지하도록 도와준다. 동경은 경험한 것만이 전부가 아님을 가르쳐 주고, 경험을 뛰어넘는 완성의 길을 보여 준다. 그렇기 때문에 나는 현재를 자유롭게 그리고 기쁘게 즐길 수 있다. 그러나 아름다운 순간이라고 해서 지나치게 움켜쥐어서는 안 된다. 소중한 경험을 다시 놓칠 수도 있다. 경험을 통해 나 자신을 만나고 내 안에 있는 동경을 일깨웠다. 동경이 내 안에 있는 것이다.

모든 것이 너무 많아지면

주변 사람들과 지내기 힘들다고 불평하는 사람들이 많다. 부부는 서로를 이해하지 못한다. 직장 동료들은 신경을 건드린다. 공동체는 너무 평범하고 진부해서 늘 실망스럽다. 공동체 안에 살면서 너무 협소하다며 가혹할 정도로 불평하는 사람들이 있다. 활기찬 공동생활을 위해 심혈을 기울였지만 다 실패했다고 불평하는 사람들이 있다. 그들은 모두 지치고 화가 나 있다.

우리는 서로를 이해하는 편안한 분위기가 조성되도록 노력해야 한다. 그러나 그것은 쉽지 않고, 우리는 금세 한계에 부딪치게 된다. 이때 중요한 것은 그 한계 때문에 내가 좌절했는지, 반대로 나의 동경이 더욱 강화되었는지를 확인하는 것이다. 그런 다음에는 그 한계를 인정할 수 있게 된다. 그 한계 때문에 체념할 것이 아니라, 오히려 나의 활력을 유지시켜 주고 나를 동경으로 더 깊이 인도하여, 마침내 하느님 가까이로 데려간다는 것을 알게 되었기 때문이다.

일이 나를 실망시키기도 한다. 너무 지루하고 나에게서 에너지를 다 빼앗아 가기 때문이다. 일을 해도 보람이 없고 의미를 찾을 수도 없어서 나는 뭔가 다른 일을 하는 편이 낫겠다는 생각을 하게 된다. 이러한 상황에 직면하면 나는 정말로 양자택일을 해야 된다. 다른 사람들이 내 행복을 방해하고, 내 직업이 내적인 평화를 깬다고 불평할 수도 있다. 또는 나를 자극하여 진정한 동경을 만날 수 있게 해 주는 실망을 보다 의식적으로 받아들일 수도 있다. 그렇게 되면 나는 차분하게 인생을 바라볼 수 있다.

　나는 기대에 대한 집착으로부터 자유로워지고, 기대의 성취에 대해서도 불안해하지 않는다. 그 무엇이 밀려온다 해도 나는 내 안에서 동경을 느낀다. 동경은 나의 것이다. 동경은 나의 재산이다. 동경은 일상의 갈등 안에 갇혀 있는 좁은 마음에서 나를 해방시켜 준다. 동경은 나의 영혼에 날개를 달아 주어 일상적인 불화와 실망으로부터 풀려나게 한다.

완전히 순간에 존재하기

신학자이자 레지스탕스였던 디트리히 본회퍼는 베를린 테겔 감옥에 있으면서 인생과 인간에 대해 많은 생각을 했다. 그는 일과 자유, 약혼녀를 포함한 모든 것을 빼앗겼다. 그리고 인생의 적나라한 진실을 대면하게 되었다. 여기에서 새로운 통찰을 얻은 그는 신학을 공부하여 풍성한 열매를 맺게 된다. 『저항과 복종Widerstand und Ergebung』이라는 제목으로 출간된 그의 일기에는 다음과 같은 내용이 있다.

"인생의 중심은 언제나 인간이 존재하고 있는 그 순간, 바로 그곳에 있다는 것, 그리고 소망이 성취되길 바라는 동경은 현재 모습 그대로의 인간을 인정해야 된다는 것, 그것이 바로 인간의 본질에 속하는 것이 아닐까?"

디트리히 본회퍼는 인간의 본질에 대해 깊이 사유했다. 그런 다음 인간은 현재 이 순간의 도전에 반응한다는 것을 인식했다. 동경은 인간이 '이 순간'에 참여하는 것을 막지 않는다. 동경은 인간이 일상생활에 몰두하는 것을 방해하지 않는다. 오히려 인간이 순간에 완전히 존재하고, 온전한 자기 자신으로 존재하도록 해 준다. 즉 자기 자신과 스스로의 진실에 직면하도록 해 준다.

본회퍼는 인간으로 하여금 지금 이 순간 요구되는 일에 열중하지 못하게 하는 다른 동경, 즉 현실로부터 도망치게 만드는 동경도 존재함을 분명히 알고 있었던 것 같다. 그것은 병적인 동경, 즉 현실을 능동적으로 구성하는 대신 회피하게 만드는 유아적 동경이다. 건강한 동경은 인간으로 하여금 현재 있는 그곳에 완전히 존재하게 하고, 필수적이라고 인식되는 것을 잡도록 인도한다. 인간은 동경 안에서 이 세상을 그리고 매 순간을 초월한다. 하지만 그것은 이 세상을 앞질러 가기 위해서가 아니라, 보다 높은 관점에서 이 세상을 형성하고 세상에 대한 책임을 지기 위해서이다.

조화와 긴장

우리는 모두 조화를 동경한다. 갈등은 부담스럽다. 싸움과 갈등의 분위기를 참아낼 수 있는 사람은 별로 없다. 어린 시절 끊임없이 부모의 갈등을 보며 자란 사람들은 성인이 되어서도 싸움을 참지 못한다. 싸움이 벌어지는 즉시 그들에게는 어린 날의 충격적인 경험이 되살아난다. 그로 인해 자신을 떠받치고 있는 받침대가 빠지지 않을까 불안해한다. 그들에게 갈등은 위협적이다. 어린 시절, 그들은 본능적으로 갈등 앞에서 눈을 감아 버렸다. 그들은 현재에도 이런 식으로 삶을 지속하고 있다. 조화를 바라는 그들의 동경을 이해할 수 있다. 이 동경이 그들의 삶을 가능하게 해 준다. 하지만 상처 입은 이들이 어린 시절의 갈등과 화해하지 않는다면, 계속해서 삶을 위협하는 갈등에 빠지는 상황을 피할 수 없을 것이다.

그러나 갈등을 피하기 위한 수단으로 동경을 오용해서는 안 된다. 다른 태도들과 마찬가지로 조화에 대한 동경에도 불화의 요소가 있다. 이 동경은 주변에 이해와 조화의 분위기를 만들도록 자극할 수 있다. 그런 반면, 갈등으로부터 도망치거나 문제들을 양탄자 밑에 숨기게 할 수도 있다. 그렇게 되면 오직 거짓 조화만이 생길 뿐이다. 동경은 조화를 구하는 사람에게 갈등을 멋지게 해결하도록 노력하라고 채근해야 한다. 그러면 조화에 대한 동경은 그 사람에게뿐만 아니라, 주변에도 축복이 된다.

조화에 대한 동경은 이중 가치를 지니고 있다. 한편으로는 우리를 현실로부터 도망치게 할 수 있고, 다른 한편으로는 대립적인 요소들을 피하지 않고 솔직하게 다루는 방법을 찾는 추진력으로 작용할 수도 있다.

조화에 대한 동경은 영혼에 담긴 대립적인 요소들을 피해서는 안 된다. 사랑과 경직, 고요에 대한 동경과 밖으로 나가고 싶은 충동, 내향성과 외향성, 자신의 감정에 대한 존경과 몸에 대한 학대, 슬픔과 기쁨, 확신과 불안, 독거와 공동생활 등 모든 대립적인 요소들을 느껴야 한다. 이런 대립적인 요소들은 너무 강해서 종종 인간을 파멸시키기도 한다. 그러나 이것들은 삶을 흐르게 할 수도 있다. 긴장이 없으면 삶도 없기 때문이다.

마음의 긴장을 너무 서둘러 풀지도 말고, 조화에 대한 동경 때문에 희생해서도 안 된다. 긴장이 스스로 열매를 맺도록 내버려두는 것이 중요하다. 너에게서 삶이 흘러나가 주위 사람들을 돕게 하려면, 삶과 사랑이 네 안에서 흐르게 하는 긴장을 찾아라.

핸드 브레이크를 당겨 놓고 운전하지 마라

앤소니 드 멜로는 동경에 담긴 위험 요소를 간파했다. 우리는 동경 안으로 들어감으로써, 하느님이 우리를 위해 준비해 둔 인생을 확장할 수 있다. 그러나 건강한 동경은 인생의 진부함과 평범함에도 불구하고 내가 인생을 긍정하도록 도와준다. 그러나 결코 그 정도로 만족하지 않고 항상 더 많은 것을 원하는 동경도 있다. 드 멜로는 다음과 같이 말한다.

> 사람들은 만약 동경이 없었더라면 자신들이 마치 나무 조각과 같았을 거라고 생각한다. 그러나 실제로는 단지 긴장감을 잃을 뿐이다. 거절당할지도 모른다는 불안과 성공해야 한다는 긴장에서 벗어난다면 너는 이내 너 자신이 될 것이고 긴장도 풀릴 것이다. 그러면 너는 더 이상 핸드 브레이크를 당겨 놓은 채 운전하지 않아도 된다.

드 멜로가 말하는 동경은 결정적인 순간에 인간을 제외시킨다. 많은 사람들은 현재에 살지 않고, 미래를 향해 자신의 동경을 팽팽하게 당겨 놓고 그곳에서 인생을 찾는다. 그러나 이 순간에 인생을 발견하지 못하면 미래에도 마찬가지다.

타고르의 지혜

"내 눈은 많은 것을 보았지만 피곤하지 않다. 내 귀는 많은 것을 들었지만 더 많이 듣고 싶다."

인도의 철학자이자 작가인 타고르의 말이다. 그는 세계 여러 곳을 여행했는데, 특히 유럽과 미국을 여행하면서 많은 것을 보고 들었다. 그의 눈은 세상의 아름다움을 보는 데 지치지 않았다. 타고르에게는 세상의 아름다움과 비밀을 보는 특별한 눈이 있었던 것이 분명하다. 그는 자신이 보았던 모든 것 안에서 하느님의 아름다움을 발견했다. 건물에서, 문화에서 인간의 마음의 비밀을 보았다. 자신이 본 것과 하나가 될 수 있고, 바라보면서 자신을 망각할 수 있고, 겉으로 보이지 않는 것을 볼 수 있는 사람의 눈은 결코 지치지 않는다.

우리는 자주 주변의 소음을 듣지 않기 위해서 귀를 막는다. 주위에는 자신의 문제를 이야기하는 사람들이 많은데 우리는 듣고 싶지 않다. 타고르는 여행을 하면서 많은 것을 들었다. 만나는 사람들의 이야기에 귀 기울였다. 그것은 결코 어려운 일이 아니었고 타고르는 계속해서 이야기를 들으려고 했다. 그는 그토록 호기심이 많았을까? 나는 그렇게 생각하지 않는다.

스캔들에 솔깃하는 사람들이 있다. 이런 식으로 '듣는' 것은 유익하지 않다. 그들은 원치 않는 이야기를 강제로 끌어낸다. 타고르는 이와는 다른 것에 귀 기울였다. 그는 인간의 목소리에서 함께 울리지만 소리나지 않는 것, 숨겨진 음, 그들의 말에서 드러나지 않는 동경에 귀 기울였다.

그렇게 듣는 사람은 더 많은 것을 듣고 싶어 한다. 그는 인생의 비밀에 귀 기울인다. 그것은 무한하여 결코 끝나지 않는다.

아름다움에 전염되다

"동경은 모든 것을 꽃피운다."

프랑스 작가 마르셀 프루스트의 이 문장 뒤에는 어떤 체험이 숨어 있을까? 사랑이 그리워질 때면 장미 한 송이가 옛 애인의 사랑을 회상하게 한다. 이때의 장미 한 송이는 나를 위해 완전히 다르게 피어난 것이다.

내 눈길을 사로잡은 튼튼한 나무는 내 마음으로부터 지속성, 확고부동함, 자기 확신 그리고 힘을 불러일으킨다. 나의 동경이 그 나무를 다른 눈으로 바라보게 한 것이다.

나는 최근에 토스카나에서 휴가를 보냈다. 언덕에 앉아 광활한 자연경관을 바라보았다. 그 고장 전체를 다 볼 수는 없었기에 나는 특정한 산이나 마을을 찾기보다는 그냥 앉아서 주변을 바라보았다. 그 풍경과 나를 에워싼 고요가 내 마음을 꽉 채웠다. 나는 그 안에서 아름다움, 평화, 고향, 광활함에 대한 동경을, 그리고 창조 안에 자리 잡고 싶은 동경을 만났다.

그리고 차이를 느꼈다. 저 산의 이름이 무엇이고, 저 도시는 어디에 위치해 있는지를 알고자 하는 눈으로 그 경치를 감상했더라면, 나는 이내 그곳을 뜨고 말았을 것이다. 그런 식으로 내 호기심을 만족시킬 수는 있었겠지만 그런 경치는 기억에 남지 않았을 것이다. 하지만 내가 그 경치의 아름다움에 완전히 녹아들면서 그것은 다른 의미를 얻었다. 풍경은 내 안에서 꽃을 피우기 시작했다. 나는 안정과 완성을 느꼈다. 그 풍경은 나에게 평화와 행복을 선물했다. 나는 소리 없는 고요를 들었다. 보고 또 보았지만 지치지 않았다. 나는 개개의 사물이 아니라 풍요롭고 사랑스럽고 위안이 되는 풍경을 보았고, 그로부터 나오는 신비 가득한 마술을 보았다.

나는 마르셀 프루스트의 문장 뒤에 이와 비슷한 경험이 숨겨져 있음을 짐작할 수 있다. 그가 동경의 눈으로 본 사물들이 꽃을 피웠던 것이리라.

영혼의 불

네덜란드의 신학자이자 심리학자인 헨리 나웬은 동향의 화가인 빈센트 반 고흐와 정신적 동질감을 느꼈다. 그는 이 위대한 화가의 정신분열증을 이해했다. 동시에 고흐의 그림에 나타나 있는 불에 매료되었다. 고흐는 그것에 대해 분명하게 표현한 바 있다. "영혼의 불을 꺼뜨려서는 안 된다. 이 불을 활활 타오르게 더 지펴야 한다."

빈센트 반 고흐는 열정적으로 하느님을 갈구했다. 그는 스스로를 가장자리로 밀려난 불쌍한 인간이라고 느꼈다. 고흐는 '희망을 별로, 영혼의 동경을 환하게 빛나는 일몰로 표현하는' 꿈을 꾸었다. 그는 영혼에서 타오르는 불을 꺼뜨리지 않았으며, 비록 절망의 낭떠러지로 밀려난다 해도 그 불이 계속 타오를 수 있도록 더욱더 지폈다.

그러나 고흐가 살아 있는 동안에는 아무도 이 '난로'에 다가가 불을 쬐이려고 하지 않았다. 형 테오만이 이 위대한 화가의 살아생전에 그의 생계를 위해 단 한 점의 그림을 사 주었을 뿐이다. 오늘날에는 수많은 사람이 시간과 노력을 들여 그의 그림을 관람하고 있다. 고흐의 그림이 차가운 마음을 따뜻하게 만들어 주는 불을 직관적으로 느끼게 해 주기 때문이라고, 헨리 나웬은 분석한다. 삶의 분주함 때문에 꺼졌던 불이 그의 그림을 보면 다시 타오른다는 것이다.

반 고흐가 일생 동안 영혼에 담고 있던 불은 지금도 그의 그림에서 타오르고 있다. 이 '불'은 화가의 인간적인 온기와 열정에서 나온다. 이 불

을 자신 안에 담는 사람만이 다시 그 불로 다른 사람을 타오르게 할 수
있다.

　오늘날 반 고흐의 그림을 관람하며 그 속으로 침잠하는 사람은 사랑
의 동경을 만난다. 그리고 열정적인 화가에게 그림을 그릴 수 있도록 해
주고, 그의 그림을 감상하는 사람들까지도 화가의 내면에서 활활 타는
불을 품을 수 있도록 해 준 바로 그 힘을 만난다.

마법의 언어

여기 언제까지나 꿈꾸고 있는

세상 만물에 노래가 잠들어 있다면

이 세상은 깨어나 노래하기 시작하리

그대가 마법의 주문 한 마디를 맞히기만 하면

요셉 폰 아이헨도르프의 노래는 낭만주의의 주제가였다. 이 노래는 낭만주의 시대가 지난 후에도 계속 애창되었으며, 마법의 언어에 대한 갈망은 비단 문학 작품에만 해당된 것은 아니었다. 글로 무엇인가를 표현하고 싶은 사람들, 특히 작가들은 언제나 세상의 비밀을 여는 열쇠와 같은 단어를 갈망한다. 나 역시 글을 쓰면서 이것을 느낀다. 나는 마음속 깊은 곳에서 예감하는 것, 그리고 표현하고 싶은 것에 어울리는 단어를 찾아내지 못해 고민한다. 글을 쓴다는 것은 사람의 마음을 움직이는 말, 그들이 마음속 깊은 곳에서 동경하는 것을 표현해 주는 말을 얻기 위한 노력이다. 우리는 작가들이 이미 할 말을 다 했다고 생각한다. 나 역시 이미 오래 전에 내 안에 있는 것을 다 말했어야 한다. 그렇다면 계속해서 글을 쓰는 까닭은 무엇일까?

글쓰기를 통해 모든 것 안의 비밀을 만나기 위해서이다. 아이헨도르프는 적절한 단어에 대한 동경을 탁월하게 표현했던 것이다. 그는 적절한 단어가 세상으로 하여금 노래하게 한다고 믿었다. 모든 것 안에서 노래가 잠을 자고 있기 때문이다. 그것은 진정한 아름다움에 대한 동경의 노래, 모든 것을 꿰뚫는 사랑에 대한 동경의 노래, 글을 쓰는 나에게로 흘러 들어와 나를 생기 있게 만드는 생명에 대한 동경의 노래이다. 내가 이 마법의 언어, 이 핵심어를 발견한다면 세상은 노래하기 시작한다. 그러면 이 세상을 창조하시고, 모든 피조물 안에 살아 계시는 분을 존경하는 진정한 찬미의 노래가 울려 퍼진다. 우리가 보는 모든 것 안에서는 하느님이 자신을 감추어 '숨긴 것'이 잠자고 있다. 적절한 단어를 찾으려는 노력은 이 숨은 것의 베일을 벗기고, 보이지 않는 것을 드러내고, 말할 수 없는 것을 언어로 표현하려는 노력인 것이다.

많은 시인이 이미 모든 것 안의 비밀을 보는 눈을 열어 주었다. 그러나 우리에게는 마법의 언어를 선사해 줄 새로운 시인들이 여전히 필요하다. 마법의 언어는 매 순간 모든 것 안에 감춰져 있는, 무한하고 설명할 길 없는 비밀의 문을 연다.

위험한 꿈

어린 시절, 우리는 인생에 대해 꿈을 꾼다. 그러나 어른이 되면 어릴 적 꿈을 허황된 것이었다고 여긴다. 어른들은 현실에 맞추어 사는 것만 생각하기 때문이다. 결국 인생은 무디고 공허해진다. 그런 사람들은 기능하고 있을 뿐 살아 있는 것이 아니다. 꿈은 삶에 속한다. 일상을 뛰어넘는 꿈이 없다면 삶은 활기와 환상을 잃게 된다.

"꿈을 조금 꾸는 것이 위험하다면, 그걸 치료할 방법은 꿈을 덜 꾸게 하는 것이 아니라 더 많이 아니 평생 꾸게 하는 것이다."

마르셀 프루스트가 한 말이다. 회상과 동경에 관한 위대한 소설 『잃어버린 시간을 찾아서』의 저자인 그는, 밤에 꾸는 꿈이 위험한 것이 아니라 낮 동안의 꿈이 위험하다고 말한다. 꿈은 실제로 상황을 불안정하게 한다. 그래서 예로부터 폭군들은 꿈을 혐오했다. 독재 시대에는 사람들이 자유를 꿈꾸기 때문이다. 사람들은 꿈을 꾸면서 자유를 갈망한다. 독재자는 외부 상황만 지배할 수 있을 뿐, 자유를 꿈꾸면서 자신만의 공간을 만드는 사람들의 영혼을 지배할 수는 없다. 꿈속에서는 사람들의 영혼이 독재자의 울타리나 일상적인 의무의 울타리에 갇히지 않는다.

프루스트는 이렇듯 역설적인 충고를 한다. 그는 평생 꿈을 꾸라고 한다. 비현실적인 충고인가? 허구 세계로의 도피를 부추기는가?

이 프랑스 소설가는 일상의 요구를 피하기 위해 꿈속으로 도피하라고 충고한 것이 결코 아니다. 표피적인 것들의 폭력에 저항하는 꿈을 꾸고,

천박한 충동에서 벗어나는 꿈을 꾸라는 것이다.

　일이나 단순한 생존과는 다른 그 무엇이 존재한다. 영혼의 가능성들과 만나는, 하느님이 선물하신 내적인 풍요와 만나는 환상의 세계가 존재한다. 꿈속에서 영혼의 보물을 발견한 사람은 진부해지지 않고, 일상생활에서 진부함을 없앨 수 있다. 융은, 요즈음 사람들이 삶의 진부함 때문에 병에 걸린다고 말한다. 사람들은 스스로를 그저 사업주 또는 노동자, 의료보험료 납부자 또는 연금수혜자로 느낄 뿐이다. 그들은 그저 통계로 말해질 따름이고, 그것은 영혼을 병들게 한다. 영혼은 꿈속에서 숨을 쉴 수 있다. 그때 영혼은 기지개를 켜며 자신의 충만을 경험하게 된다. 충만한 영혼이 오그라든 몸을 건강하게 만든다.

세상을 변화시키는 꿈

"꿈은 우리가 틀에 박힌 존재가 아니라는 가장 좋은 증거다."

프리드리히 헵벨의 말이다. 밤의 꿈은 우리를 다른 세계로 데려간다. 그러고는 낮의 일상보다 훨씬 다채로운 인생을 보여 준다. 꿈에서는 자연법칙이 통하지 않는다. 동물이 사람으로 변신한다. 무중력 상태로 날 수도 있다. 남자들이 임신하고 늙은 여자가 아이를 낳는다.

꿈은 현재 내 주변의 것을 말해 줄 뿐만 아니라, 앞으로 어떤 길을 갈 수 있는지도 보여 준다. 그리고 꿈은 내 안에 숨겨져 있는 가능성을 일깨워 준다. 꿈에 아기를 보면 내 안에서 무언가가 탄생하리라는 것을, 내가 진정한 자아와 만나려고 한다는 것을 예감할 수 있다.

꿈속에서 세상은 나를 위해 활짝 열린다. 나는 신적神的인 뿌리 안으로 들어간다. 세상의 뒤를 본다. 세상의 비밀이 열린다. 밤에 꾸는 꿈뿐만 아니라 사람들에게는 인생에 대한 꿈이 있다. 어릴 적 그들은 멋지게 성공한 인생을 꿈꾸거나, 세상을 변화시키는 꿈을 꾸었을 것이다. 그러다가 어른이 되면 대부분 꿈을 접고 일상에 안주한다. 그들의 인생은 공허하고 하찮아진다.

꿈꾸는 사람에게서만 세상을 변화시킬 수 있는 힘이 나온다. 꿈을 꾸는 사람만이 이 세상을 움직일 수 있다.

우리는 피부를 지닌 한 덩어리의 육체 그 이상이다. 우리 안에는 마음을 넓히고 이 세상을 움직일 수 있는 꿈이 살고 있다.

진정한 삶

사람들은 어떤 길을 어떻게 가야 하는지를 가르쳐 줄 조언자를 찾는다. 그리고 이 길을 갈 때 도와줄 종교 지도자를 찾는다. 작가들도 그들의 동반자가 되어야 한다. 많은 독자들로부터 이러한 영혼의 동반자로 여겨졌을 것이 틀림없는 헤르만 헤세는, 그러나 이러한 기대로부터 도망친다.

"작가의 임무는 길을 가르쳐 주는 것이 아니라 동경을 일깨우는 것이다."

헤세는 이렇게 말하면서 사람들의 기대로부터 벗어난다. 예술가는 말할 수 없는 것을 언어로 표현해야 한다고 주장하는 파울 첼란에게서도 이와 비슷한 생각을 읽을 수 있다. 여기에는 그 무엇과도 비교할 수 없을 정도로 수준 높은 예술관이 담겨 있다. 작가는 명명할 수 없는 것에 이름을 지어 주고, 보이지 않는 것을 보여 주면 된다. 그러면 독자는 마음을 열고 무한하고 드넓은 그 무엇을 스스로 보게 된다. 나는 이것을 헤세의 소설 『나르치스와 골드문트*Narziss und Goldmund*』에서 가장 분명하게 보았다. 이 소설에서 헤세는 어머니에 대한 골드문트의 동경을 묘사한다. 어머니에 대한 동경은 그로 하여금 끊임없이 새로운 여성과의 관계를 갈망하도록 자극한다. 이런 상태는 골드문트가 심신이 지쳐 마침내 친구 나르치스의 수도원에 이를 때까지 계속된다. 골드문트는 수도원에서 마돈나 상을 조각하기 시작하고, 이 일은 잃어버린 어머니를 동경하는 그의 마음을 안정시켜 준다.

　처음 『나르치스와 골드문트』를 읽고 난 후, 나는 사랑하는 이에게 피상적으로 받아들여지는 것 그 이상으로 보호받고 싶다는 강렬한 욕구를 느꼈다. 『황야의 이리*Steppenwolf*』를 읽었을 때도 나의 동경을 만났다. 책을 읽은 직후에는, 내 인생에서 바꾸어야 할 것이 구체적으로 무엇인지 몰랐다. 그러나 마음만은 넓어져 있었다. 모든 것이 안에서 자리를 잡았다. 내 마음은 진정한 삶, 황홀경, 냉정함, 모차르트 음악의 가벼움을 동경했다.

전조前兆, 예감

인간은 늘 영혼이 바라는 바에 관심을 기울인다. 그들은 대개 게으름에 대한 소망이 있다. 이는 사람들이 항상 어머니의 품에 머물고 싶어 함을 말해 주는 것이다. 우정, 휴가, 좋은 음식, 근무 조건 개선과 같은 아주 구체적인 소망들도 있다. 누구는 산을 정복하려 하고, 또 누구는 물 속에서 편안히 수영하고 싶어 한다. 이러한 소망들은 수동적인 자세로부터 우리를 끌어낸다. 우리는 소망을 통해 우리 안에 있는 가능성들과 만난다. 현재에 만족하는 사람은 결코 자신에게 어떤 능력이 있는지 발견하지 못한다. 소망은 우리의 능력을 끌어내 준다. 소망은 우리로 하여금 스스로 정한 한계를 넘어서게 하고, 우리에게 어떤 능력이 있는지도 보여 준다.

"소망은 우리 안에 있는 능력에 대한 예감이고, 우리가 할 수 있는 것에 대한 전조이다"(요한 볼프강 폰 괴테).

평생 지속되는 소망

성취되어 가는 소망들이 있다. 예를 들어, 생일날 아주 구체적인 선물을
소망하면 아마도 그것을 얻게 될 것이다. 라이너 마리아 릴케는 인간적
인 영혼의 힘을 지닌 시인이었다. 다음은 소망에 관해 노래한 릴케의 아
름다운 시 가운데 한 편이다.

> 소망을 포기해서는 안 된다
>
> 성취는 없다
>
> 하지만 평생 지속되는,
>
> 전혀 성취되기를
>
> 기대하지 않는,
>
> 그렇게 오래 지속되는
>
> 소망이 있다

릴케가 생각한 소망들은 일상적이고 구체적인 소망보다 오래 지속되는
것이다. 그 어떤 선물로도 채워질 수 없는 소망들이 있다. 이 세상을 뛰
어넘는 동경의 소망이 있다.

독일어 '소망'Wunsch은 '얻다'라는 의미의 단어 군群에 속하는데, 이 단
어는 고대 독일어에서도 '노력, 일 또는 투쟁을 통해서 무엇인가에 이르
고, 만들고, 획득하고, 얻는다'는 것을 의미한다. 게르만인들은 자신의

소망을 이루려면 노력과 투쟁이 필요하다고 생각했던 게 분명하다. 이 단어의 어근인 인도게르만어에는 또 다른 의미가 포함되었던 흔적이 보인다. '방랑하다, 배회하다, 무엇을 찾다, 노력하다'의 의미이다. 이 단어 군은 원래 '양식 찾기'와 관련 있다. 그리고 양식 찾기는 게르만인에게 있어 영혼 찾기에 대한 상징이었음이 분명하다. 우리는 끊임없이 무엇인가를 찾기 위해 길을 떠나야 한다. 평생 부족하지 않을 양식을 찾아낸다는 것은 불가능하기 때문이다.

릴케는 소망을 포기하지 말라고 한다. 소망과 '성취되지 않음' 사이에는 긴장이 있다. 소망은 우리의 활기를 유지시켜 준다. 아무런 소망이 없는데도 행복한 사람들이 있긴 하다. 그리고 자신이 이룬 것에 너무 쉽게 만족하는 것은 위험하다. 성취에 연연하지 않는 소망은 보이는 것을 뛰어넘는다. 이런 소망의 목표는 당장의 것이 아니라 완성된 상태에서 경험하는 진정한 행복이다.

불가능을 가능으로

시인과 유머 작가는 현실을 다르게 볼 줄 안다. 이들은 진실을 역설적으로 보여 준다.

"당신은 사물을 보고 '왜 존재할까?'라는 의문을 가집니다. 반대로 나는 없는 사물에 대해 '왜 존재하지 않을까?' 하는 의문을 가집니다."

위대한 풍자가이자 인간심리 전문가인 조지 버나드 쇼가 한 위의 말에서 상상력이 가진 힘을 엿볼 수 있다. 그는 현실을 창조하는 꿈의 힘인 유토피아를 우리의 세력권 안에 둔다.

사물을 있는 그대로 수용하지 않고, '왜?'라고 되묻는 경우가 많다. 그러나 결국 이런 의문이 사물을 더 잘 이해하게 한다. 버나드 쇼는 작품 안에서 있는 그대로의 현실을 묘사만 하는 것이 아니라, 한 발 더 나아가 자기만의 고유한 세계도 창조한다. 평론가들이 그가 창조한 세계에 대해 이런저런 질문을 던지면, 그는 '왜 그러면 안 되는데?'라고 되묻는다. 왜 보이는 세계만 존재해야 하는가? 환상이 실제로 존재하면 왜 안 되는가? 동경이 분노나 슬픔과 똑같은 실재성을 가지면 왜 안 되는가?

미지의 사물을 볼 수 있는 사람은 세상을 바꾼다. 환상은 불가능을 가능으로 변화시킨다. 단순한 망상이 아니다. 이성이 만들어낸 상상 속에서, 아직 실재하지는 않지만 실현될 수 있는 세계를 예감한다. 비록 이해할 수 없을지라도 상상은 세상을 변화시킨다.

보이지 않는 것이 더 가깝다

프리드리히 폰 하르덴베르크(노발리스의 본명)의 문학 곳곳에서는 '파란 꽃'이 두드러진다. 파란 꽃은 보이지 않는 것을 보이게 한다. 파란 꽃은 말할 수 없는 것을 말하게 한다. 노발리스는 문학 작품을 통해 언어에 옷을 입혀 메시지를 전달한다.

"우리는 보이는 것보다 보이지 않는 것과 더 가깝게 연결되어 있다."

젊은 시인은 약혼녀가 죽은 후, 보이는 것보다 보이지 않는 것을 더 가깝게 느꼈다. 그는 이 세상을 이방인으로서 살았다. 하지만 이 길을 가면서 그는, 보이지 않는 것이 나타나고 하늘이 열릴 때마다 형언할 수 없는 기쁨을 체험했다. 노발리스는 비극적인 사랑의 운명을 '보이지 않는 세계를 위한 소명'으로 해석했다.

죽은 약혼녀의 이름은 '지혜'라는 의미를 지닌 소피다. 소피는 시인에게 지혜의 샘이 되어 주었고, 시인의 세계로 가는 다리가 되었다. 그는 문학 작품을 통해, 이 세상에서는 "도처에서 보거나 경험할 수 있고, 또 그 어디에서도 보거나 경험할 수 없는" 신적인 사랑에 대한 동경을 깨우기 위해 우리를 그곳으로 데려간다. 그가 이 세상에서 하는 방랑의 목적지는 확실하다.

"우리는 어디로 가는 겁니까? — 항상 집으로 갑니다."

변화

동경은 모든 변화의 시작이다. 그러나 변혁과는 완전히 다르다. 변혁은 권력가, 기획가 그리고 행동가들의 것이다. 변화는 만들어지는 것이 아니다. 변화는 일어난다. 변화는 사물을 휘어잡으려 하지 않고, 잘못된 것을 차단하거나 강제로 피하려고 하지 않는다. 변화는 소음을 내지 않는다. 변화는 사색적이고 조용하다. 성장하는 것은 소음을 내지 않는다.

존재하는 것을 조용히 받아들이고 어떤 것도 억압하지 않는다면, 많은 동화에서 이야기하는 기적은 일어날 수 있다. 그러면 우리는 아무런 행동을 하지 않았는데도 갑자기 구원, 해방, 변화를 경험하게 된다. 그때 개구리는 왕자가 되고 신데렐라는 공주가 된다. 가난한 젊은이가 하룻밤 새에 억만장자가 된다. 초라한 소녀가 그림처럼 아름다운 왕비가 된다. 왕자의 키스가 잠자는 공주를 꿈에서 깨워 행복하고도 새로운 삶을 선물한다.

동화는 인생을 위한 처방전이 따로 없다는 것을 알고 있다. 돌아가는 길과 미지의 길이 항상 열려 있다. 프로그램도 마스터플랜도 없다. 우리는 아무것도 할 수 없다. 다른 사람이 우리 안에서 무엇인가를 일으킨다. 변화는 만남 중에, 사랑 중에 일어난다. 다른 사람의 온화한 시선이 우리를 변화시킨다. 사랑이 오면 우리는 새로워진다. 누군가 우리 안에서 숨겨진 채 잠자고 있는 것을 끌어내 사랑할 수 있다. 사랑은 비밀을 발견하게 한다.

성경에도 바다가 마른 땅이 된다는 식의 약속들로 넘쳐난다. 단단한 바위로부터 갑자기 물이 솟아나고 돌이 새로운 생명수가 된다는 약속, 사막에 꽃이 핀다는 약속, 가시덤불이 하느님이 현존하는 빛나는 장소가 된다는 약속, 불쌍한 우리가 영광의 모상模像이 된다는 약속 등이다.

이 기적을 실현하는 것은 우리가 아니다. 하느님이 그것을 우리 안에서 하신다. 우리는 그저 우리를 그분에게 데려가고 헌신하게 하는 동경의 흔적을 따르기만 하면 된다. 그 길을 따라가는 사람의 동경은 충족될 것이며 그는 축복을 경험하게 될 것이다.

사물의 향기

모든 사물에는 자신만의 고유한 향기가 있다. 그래서 어떤 향기를 맡게 되면, 예전에 우리를 깊이 감동시켰던 어떤 것을 회상하게 된다. 후각은 정서와 관련되어 있는데 나는 이것을 직접 경험했다. 건초 냄새를 맡으면 휴가를 떠올리게 된다. 향 피우는 냄새를 맡으면, 어릴 적 성탄절 파티와 동방박사가 생각난다. 아토스 산 위의 향내 가득한 교회에서 그랬던 것처럼 나는 신적인 비밀을 예감한다.

어원적으로 볼 때 동경은 향기, 연기, 공기, 이슬과 관련이 있다. 동경에 해당하는 그리스어 에피티미아*epithymía*의 어근은 연기, 향기, 바람이라는 뜻의 티모스*thymós*이기 때문이다. 그리고 경험을 통해서도 동경과 향기가 서로에게 속한다는 것을 알 수 있다. 어떤 특정한 향기, 예를 들어서 사랑하는 여인의 향을 맡은 사람에게는 이 여인에 대한 동경이나 예전에 느꼈던 사랑에 대한 동경이 솟구친다. 하지만 사랑과 향기는 잡을 수 없는 것이다. 이것들은 보고 만질 수 있는 것을 뛰어넘어, 더 이상 잡을 수 없는 것을 암시한다. 이 경험은 우리의 마음을 넓혀 주고 한 단계 도약하도록 인도한다.

불의 연기는 하늘을 향해 높이 올라간다. 연기를 바라볼 때 나는 무한을 예감한다. 그리고 나에게서 동경이 솟아오른다. 성경의 저자들도 이것을 알고 있다. 시편의 저자는 "저의 기도 당신 면전의 분향으로 여기시고"(시편 141,2)라고 기도한다. 하늘로 올라가는 분향 연기는 나를 하늘로 데려가는 기도와 같다. 연기는 나를 이 세상 밖으로 데려가는 동경에 비유할 수 있다.

크리스티안 모르겐슈테른은 "사물의 향기는 우리 안에서 그들을 바라보게 하는 동경이다"라고 말한다. 물론 그는 하느님에 대한 동경이 아니라 사물에 대한 동경을 이야기한다. 이것은 무슨 의미일까? 장미 향기를 맡으면 그 향기가 내 안에서 장미에 대한 동경을 일깨운다. 그러나 그것은 장미를 소유하고 싶은, 장미를 손에 쥐거나 만지고 싶은 동경은 아니다. 다만 장미가 상징하는 것 즉 아름다움, 사랑, 순수함, 온전함에 대한 동경이다. 향기에 대한 동경은 그 사물을 소유하고 싶은 것이 아니라 그 안에 숨겨진 약속을 예감하는 것이다.

자연은 우리에게 영적인 상징을 제공한다. 예수가 자신의 본질을 아무런 의미 없이 '사물'에 비유한 것은 아니다. "나는 참된 포도나무다, 나는 문이다, 나는 착한 목자다, 나는 생명의 빵이다, 나는 길이다, 나는 샘이다."

사물의 향기는 우리 안에서 완성의 비유로, 진정한 생명의 비유로 나타나는 분에 대한 동경을 일깨운다.

열린 하늘

생텍쥐페리의 『어린 왕자』에서 어린 왕자는 별들을 보고 감탄한다. 뿐만 아니라 별들을 사랑한다. 별들이 그가 사랑하는 장미를 생각나게 했기 때문이다. 이 장미는 어린 왕자의 고향 별에서 자란다. 지구에서는 그 장미를 볼 수 없지만 별들이 그에게 장미를 기억나게 해 준다. 그래서 별들은 아름답다. "별들이 아름다운 것은 사람들이 보지 못하는 꽃 한 송이를 생각나게 해 주기 때문입니다." 장미를 암시해 주는 별들은 장미의 아름다움도 함께 상징한다.

예로부터 별들은 인간에게 동경을 심어 주었다. 내가 10살 때 지냈던 기숙학교의 사감 선생님은 틈날 때마다 아프리카에서의 감옥 생활을 이야기해 주셨다. 그는 전쟁을 체험한 세대였다. 죄수들이 감방에 모여 앉아 고향 이야기를 할 때면 선생님은 즐겨 '고향은 너의 별'이라는 노래를 불렀다고 한다. 이 노래는 지친 병사들의 마음을 움직여 울게 만들었다. 별은 이 세상 어딘가에 살고 있는 우리에게 우리가 항상 고향과 함께라는 사실을 일깨워 준다. 고향에서와 똑같은 별이 그곳에서도 반짝이기 때문이다. 그들이 아프리카 하늘에서 보는 별들을 아내, 자식, 친구도 보고 있기 때문이다. 별은 머나먼 고향에서도 빛나기 때문이다. 그래서 별을 향한 마음은 그리운 고향을 만나게 해 주었다. 이 노래의 멜로디를 감상적이라고 느낄지도 모른다. 그러나 선생님이 이야기를 마친 뒤 이 노래를 불러 주었을 때, 비록 몸은 멀리 있지만 늘 고향을 그리워하는 마음을 어린 우리도 느낄 수 있었다.

객지에서 상실감과 그리움을 느낄 때 우리는 이해받고 받아들여지고 싶은 마음으로 고향을 떠올린다. 사람들은 누구나 고향으로 돌아가고 싶어 한다. 다시 고향에서 살고 싶어 한다.

낭만주의자들은 이를 '파란 꽃'으로 비유했다. 시인 노발리스에게 파란 꽃은 사랑, 동경 그리고 정화의 총체적 개념이다. 파란 색은 하늘의 색이고 무한의 상징이다. 우리 위에 있는 파란 하늘은 유한한 삶 너머의 무한을 기억하게 한다. 가끔은 구름이 하늘을 뒤덮을 때도 있다. 그럴 때는 하늘이 열리기를 기다려야 한다.

동경은 삶의 방향을 제시해 준다. 우리가 최종적으로 나아가야 할 참된 성소에 대한 그리움으로 우리를 이끌어 준다. 하늘이 열리면 우리는 초월적인 현실을 보게 된다. 그것은 어려서부터 하늘을 초월적이고 신적인 장소로 생각해 왔기 때문이다. 별은 동경의 파란 꽃을 암시한다. 별은 어두운 하늘에서 반짝인다. 그로 인해 하늘은 특별한 광채를 띤다. 그 광채를 보고 우리는 삶이 신적인 빛으로 채워지게 되리라는 것을 예감한다.

한시도 비지 않는 식탁

우리는 식사를 위해서 그리고 공동체를 체험하기 위해서 식탁에 앉는다. 식사가 끝나면 식탁은 치워지고 대화는 계속되기도 한다. 그러다가는 일어나 일하러 간다. 시인 노발리스는 '한시도 비어 있지 않은 동경의 식탁'에 대해 말한다. 노발리스는 동경을 배고픔이 아니라 먹을 수 있는 음식에 비유한다. 동경은 길 떠나는 우리에게 영양분을 제공하여 튼튼하게 만든다. 식탁이 공동체를 조직하듯이, 동경은 모든 것을 결합한다. 대화를 하다가 다른 사람의 동경을 만나는 사람은 마음 깊은 곳에서 그 사람과의 유대를 느끼게 된다. 다른 사람의 동경은 그에게 자신의 동경을 기억하게 한다. 이 동경은 그의 마음을 열어 넓게 해 준다.

동경의 식탁에 앉은 사람들은 집착하지 않는다. 자유롭게 내버려 둔다. 하늘을 열어 넓은 지평선을 펼친다. 동경을 통해서 다른 사람을 느낀다. 정치적인 의견 일치보다 동경을 통해 그 사람과 더 가까워진다. 동경은 나를 다른 사람의 마음에 더 가까이 데려간다. 다른 사람의 동경을 느낄 때 나는 그를 에워싸고 있는 비밀을 예감한다. 이 비밀은 그들이 그리워하는 고향이 된다. 동경의 식탁은 우리가 살고 있는 동경의 집이 된다.

영혼의 양식

"성취가 아닌 동경이 우리의 영혼에 양식이 된다."

아르투어 슈니츨러의 말이다. 오스트리아의 작가이자 심리학에 정통한 의사이며 사회 심리의 냉철한 관찰자였던 그는 육신의 양식에 대해서만 알고 있었던 것이 아니다. 그는 영적인 욕구에 대해서도 관심이 많았다. 물론 상류사회 출신의 이 의사는 성대한 저녁식사나 화려한 생활을 중시하는 사람이었다. 그러나 또한 그것이 전부가 아니라는 사실도 알고 있었다. 좋은 음식은 사람을 배부르게 하고 몸에 활력과 건강을 주며 즐거움을 제공한다. 그러나 영혼은 뭔가 다른 것을 필요로 한다. 예수는 우리가 빵만으로는 살 수 없다고, 하느님의 입에서 나오는 말씀으로 산다고 말한다(마태 4,4). 치유하는 말씀은 영혼을 살찌운다. 슈니츨러는 동경이 이와 비슷한 특성을 지니고 있다고 말한다.

우리는 영혼을 너그러움, 자유, 활력, 정신의 관념과 연결한다. 영혼은 숨을 쉰다. 동경은 영혼의 호흡이다. 동경은 영혼을 편협한 이 세상 밖으로 인도한다. 그리하여 영혼은 본질에 도달한다. 물론 영혼에게는 성취의 경험이 중요하다. 영혼은 즐길 수 있는 장소, 현존하는 모든 것과 하나가 되는 장소가 필요하다. 그러나 이러한 성취를 초월하여 영혼을 계속 인도하는 것이 동경이다. 영혼이 가끔 느끼는 일체감이 지속적이지 않기 때문이다. 이 일체감은 항상 영혼으로부터 도망친다. 영혼은 죽음에 이르러서야 비로소 하느님과 완전하게 하나가 된다. 영혼이 이 세상에 살고 있는 동안에는, 지속적으로 활기를 불어넣으며 내적인 길을 추구하도록 동기를 부여하는 동경이 필요하다. 동경은 현세의 낮은 곳으로부터 하늘의 높은 곳을 향해 가고 있는 영혼에게 힘과 영양을 공급하기 위해 하늘에서 내려오는 빵과 같다.

에리히 마리아 레마르크도 슈니츨러가 묘사한 것과 유사한 경험을 했다. 레마르크는 "성취는 동경의 적"이라고 말했다. 우리는 성취를 동경한다. 그러나 우리가 성취했다고 느끼면, 동경은 흐지부지해지고 만다. 하지만 성취를 붙잡으려 하지 않고 단지 즐기기만 하면 성취는 우리 안에서 새로운 동경을 일깨운다. 그때 성취는 더이상 동경의 적이 아니다. 여기에서 중요한 것은 성취를 대하는 태도이다. 즉 만족하고 드러눕느냐 아니면 거기에서 한 걸음 더 나와 새로운 길로 접어드느냐이다.

끝없이 넓은 바다

위업을 달성하고자 하는 사람은 훌륭한 조직력이 필요하다. 그러나 결코 처음부터 그리고 혼자서는 이를 조직할 수 없다. 비행기 조종사이자 작가였던 생텍쥐페리는, 여기서 가장 중요한 점은 구체적인 작업을 뛰어넘는 것이라고 한다. "배를 만들려거든 나무를 베고, 도구를 준비하고, 일을 분담시키느라 사람들을 다그치지 말고, 그들에게 끝없이 광활한 바다를 동경하도록 가르쳐라."

이것은 역설적으로 들린다. 일반적으로 넓은 바다를 꿈꾸는 사람, 광활함을 동경하는 사람들이 힘든 일을 하리라고 기대하지는 않기 때문이다. 그렇지만 위의 문장에는 깊은 진리가 숨어 있다. 배를 정확하게 알고 있다고 생각하는 사람은 이미 실존하는 많은 배를 모방해서 그것을 만든다. 그는 배를 건조하기 위한 계획을 세우고 정확하게 그대로 실행하는 것이다. 하지만 바다의 광활함을 동경하는 사람만이 배가 의미하는 바를 제대로 알고 있다. 동경이 그를 바다로 데려다 줄 배를 보여 준다. 동경이 만드는 배는 바다의 광활함을 호흡한다.

예술가가 창조적으로 일하기 위해서는 동경이 필요하다. 예술 작품은 합목적성을 뛰어넘는다. 예술가는 자신의 환상과 창조성에 헌신해야 한다. 하지만 배는 특정한 용도로 쓰인다. 배는 기능적이어야 하고 움직여야 하고 바다의 위험으로부터 안전해야 한다.

생텍쥐페리는 일상용품들도 동경을 필요로 한다고 생각한다. 많은 발명가들이 처음 발명하는 순간에는 그들의 동경을 따른다. 그러다가 사람들의 동경을 성취시켜 주는 대신, 단지 그 동경을 자극하기 위한 것을 만들기 시작했다.

텔레비전 광고를 한번 잘 관찰해 보자. 광고는 우리의 동경을 이용한다. 세제는 눈부시게 세탁해 주고, 향수는 매혹의 향기를 널리 풍기고, 자동차는 자유를 호흡하게 한다. 산업 발전의 의도는 우리의 동경을 만족시켜 주는 것이다. 이를 위해 사업가들은 그 자신의 동경뿐 아니라 대중들의 동경과도 만나야 한다. 그래야만 비로소 사람들의 마음을 움직이는 상품을 만들 수 있다.

새로운 자유를 향해

"예민한 사람은 이런저런 이유가 아니라, 단 한 가지 이유 즉 이 세상에서는 그 무엇도 자신의 동경을 채워 주지 못한다는 사실 때문에 고통을 받는다."

항상 공개적이고 구체적으로 정치적인 목소리를 높였고, 열정적으로 인권 침해를 고발했으며, 불의에 저항했던 장 폴 사르트르가 한 말이다. 프랑스 철학자이자 실존주의 작가였던 그에게 가장 깊은 고통은 삶의 상처와 실망이 아니었다. 그에게 있어서 인간이란 태어날 때부터 고통받는 존재다. 이 세상 그 어떤 것도 인간의 동경을 충족시켜 줄 수 없기 때문이다.

동경이 충족되지 않는 것, 그것은 인간의 본질에 속한다. 그것은 인생의 기본적인 실존인 것 같기도 하다. 그 밖에 고통, 사랑과 이해 부족, 고독, 거부, 질병 그리고 사랑과 보호를 기대한 사람들이 우리에게 입히는 상처 … 이 모두는 결국 우리의 근본적인 동경 즉 사랑, 공동체, 받아들여짐, 건강, 권력에 대한 동경이 성취되지 않았음을 의미한다.

장 폴 사르트르의 통찰은 나에게 또 다른 것을 의미하기도 한다. 즉 모든 고뇌는, 이 세상이 나의 동경을 만족시켜 줄 수 없다는 사실을 깨닫게 해 준다는 점이다. 이런 식으로 이해한다면 고뇌는 훨씬 더 견딜 만한 것이 된다. 자기 연민과 엄살에 빠지지 않게 된다. 고뇌는 상대적

인 것이 된다. 내가 고뇌에서 벗어나 이 세상을 뛰어넘고, 나의 동경을
만족시켜 줄 수 있는 하느님에게로 향하게 될 때, 고뇌 또한 의미를 얻
게 된다.

고뇌는 동경을 기억하게 한다.

고뇌는 동경을 통해서 변화한다.

고뇌는 삶에 새로운 자유를 준다.

변신의 언어

스웨덴의 문학비평가 벵트 홀름크비스트는, 노벨상 수상자이자 절친한 친구이기도 한 유대인 여류작가 넬리 작스의 작품 서문의 제목을 '동경의 언어'라 했다. 동경은 그녀의 작품을 이해하기 위한 핵심어이고, 실제로 그녀의 시에 많이 등장하는 개념이었다. 이 원초적인 단어는 신비주의에서 그 진정한 의미를 얻었다. 야콥 뵈메 같은 신비주의자는, 모든 피조물에는 신적인 시원始原과 하나가 되고자 하는 심오한 동경이 살아 있다고 확신했다.

낭만주의는 동경의 시대였다. 그러나 지난 19세기에는 동경이라는 개념이 함유하는 심오한 본디 의미가 사라져 버렸다. 동경은 부정적인 의미가 되었고, 현실에 대한 거부, 실재로부터의 도피를 뜻하는 단어로 취급되었다. 그 이후로 작가들은 이 단어를 피해 왔다. 하지만 넬리 작스는 끊임없이 동경에 대한 시를 썼다. 그녀는 천사에게 애원했다.

> 모래에게 축복을 주소서
> 모래가 동경의 언어를 이해하게 하소서
> 어린이의 손에서 새로운 것이
> 항상 새로운 것이 자라도록 하소서

동경의 언어는 변신의 언어다. 넬리 작스는 모든 피조물 안에서 새로운 것, 더럽혀지지 않은 것 그리고 근원적인 것에 대한 동경을 본다. 모래조차 동경의 언어를 이해해야 한다. 하느님은 모래에서도 새로운 것을, 그분이 상상한 세계를 창조하려 하시기 때문이다.

넬리 작스에게는 난로와 요람 같은 아주 일상적인 물건들도 '동경의 사물들'이다. 그런 물건들에게도 자신의 본디 의미에 대한 동경이 있다. 난로는 따뜻함, 고향, 공동체에 대한 동경을 의미한다. 어린아이들이 누워 있는 요람은 어머니 품을 생각나게 한다. 거기에는 후퇴나 과거로의 도피 같은 의미는 없다. 오히려 요람은 지금 이 순간 하느님의 보살핌을 바라는 동경, 다시 한번 유아기에 받았던 무조건적인 사랑과 보호를 받고 싶은 동경, 존재의 가벼움 속에서 이리저리 흔들리고 싶다는 동경을 생각나게 해 준다.

칠흑 같은 밤에

동경에 대해서 더러는 부정적인 의견이 제기되기도 한다. 동경이란 병적인 것, 병약한 것, 현실도피 즉 죽음을 지향하는 것이 아니냐는 의견이다. 맞는 말이다. 죽음을 향하는 병적인 동경이 있기 때문이다. 삶이 기대를 채우지 못했기 때문에 죽음을 동경한다. 또는 현실 그 자체를 더 이상 참을 수 없기 때문에 다른 세계로 도피한다. 이것을 낭만적인 동경이라고 말하는 사람도 있긴 하지만, 이러한 태도는 삶을 변화시키지 않는다. 삶은 여전히 혼란스럽고 불분명한 상태이다. 현실을 도피하는 동경은 오히려 우리를 병들게 한다. 우리를 건강하게 만드는 동경의 가장 중요한 요건은, 이 동경이 현실 한가운데 존재해야 하고 현실을 보다 크고 내적인 자유와 침착함으로 구성할 수 있어야 한다는 점이다.

우리는 현실을 직시해야 한다. 오늘날 서유럽의 15세에서 20세까지의 청소년들 사이에서 자살은 두 번째 사망 원인이 되고 있다. 놀랍게도 많은 젊은이들이 죽기를 원하고 있다. 삶에서 아무런 의미를 찾지 못하고 환상과 관념 속에 갇혀 있는 소년 소녀들을 생각해 보자. 그 원인은 한편으로는 이 나이 또래들의 행복에 대한 기대가 지나치게 크다는 것이고, 다른 한편으로는 그들이 있는 그대로의 현실을 받아들이지 못한다는 데에 있다. 오늘날 우리는 모두 '최상급' 안에서 사는 경향이 있다. '최고'가 되어야 하고, '가장' 잘해야 한다.

이렇듯 자살 위험을 지닌 소년 소녀들을 어떻게 보호해야 할까?

오로지 자신의 틀 안에서만 살고 있는 이들이 삶의 참맛을 보고 느끼
도록, 즉 숨을 쉬고 보고 듣고 움직이도록 해 주어야 한다. 그것은 잘 짜
여진 일정표에는 나오지 않는 다른 길이다. 죽고 싶은 마음이 정신적인
절망감에서 나온 것이라면, 그들에게 하느님은 사랑이시고 누구든 다
도와준다는 것을 보여 줄 수 있는 다른 길을 제시해 주어야 한다. 죽음
을 동경하는 칠흑 같은 밤에도 불을 밝혀 줄 수 있다.

물론 형이상학적인 밤의 현실, 즉 악의 신비는 여전히 남아 있다. 그
리고 심리학이 해명할 수 없는 마지막 의문을 해결하고 싶어 하는 동경
도 여전히 남아 있다. 인간이 경험하고 서로에게 적용시키는 상처들만
가지고는 다음과 같은 의문들을 다 설명하지 못한다.

인간은 왜 서로를 증오할까? 왜 폭력과 파괴가 만연해 있을까? 불의
와 비참함은 왜 존재하는가?

우리는 오직 악의 존재를 확인하고, 어떻게 그것을 극복할 수 있을지
생각할 뿐이다. "가장 사악한 부패는 '내가 최고'라는 마음이다."

성경도 사탄에 대해 말한다. 천사는 하느님 곁에 있는 동안에는 빛의
천사지만, 하느님 곁을 벗어나자마자 어둠의 천사가 된다. 그리하여 구
원에 대한 동경은 남게 된다.

불을 밝히다

오늘날 많은 사람들은 영혼의 밤을 경험한다. 그러나 그것은 현실의 일부일 뿐이다. 나는 이것을 내 강연과 세미나에 오는 사람들에게서도 느낀다. 어떤 사람에게는 관계로 인한 문제가 있고, 또 어떤 사람은 육체적·정신적으로 아프다. 또 다른 사람은 적으로부터 큰 압박을 받으면서 이 세상 어디에서도 자신의 자리를 찾지 못한다.

그렇다 해도 나는 완전한 밤을 믿지 않는다. 우리 모두의 내면에는 빛을 향한 동경과 노력이 있다. 완전히 밤에 휩싸이게 될까 봐 두려워하면서도 그들에게는 여전히 실낱 같은 희망이 있다.

많은 현대인들에게는 불을 밝히고 싶은 동경, 즉 불안으로부터 해방되어 활기를 되찾고 현실과 마주하고자 하는 동경이 아주 강하게 자리 잡고 있다. 어떤 사람들은 그것이 정확히 무엇인지 모르면서도 고집스럽게 추구한다. 나는 강의 중에 또는 대화 중에 사람들의 얼굴이 차츰차츰 밝아지는 것을 보면 아주 행복하다. 나는 심리치료와 영적인 대화를 통해서 우울증 환자들이 치유되기 시작한다는 것을 알고 있다. 이들의 내면에 빛이 비쳐들기 시작하는 것이다.

자신의 삶에 불을 밝히고, 자기 존재의 의미를 이해하는 사람은 불안과 환상을 몰아내고 삶을 풍요롭게 한다. 초기 그리스도교에서 세례를 '각성'(불 밝히기)이라 한 것은 의미하는 바가 크다. 각성한(불을 밝힌) 사람은 활기찬 사람이다. 그리스도의 상징들이 믿음의 빛에서 나왔다는 것은 빈말이 아니다. 수도승들의 저녁 기도는 이 상징을 받아들인다. 저녁 기도 때 불을 밝히는 것도 밤의 어둠에 휩싸이지 않기 위해서이다.

영혼의 밤

휠덜린의 소설 『휘페리온*Hyperion*』에서 주인공은 친구 벨라르민에게, 아마도 작가 자신의 것일 법한 깊은 체험에 대해 편지에 쓴다. 그것은 우울한 밤에 관한 체험이다. "희미한 별빛도 없는 곳, 썩은 나무조차 우리를 밝혀 주지 않는 곳, 마치 모든 것을 다 잃어버린 듯한 영혼의 밤에 불과한 모든 존재의 침묵, 망각이 있다네."

우리는 누구나 어둠을 경험한다. 휠덜린이 말하는 밤은 문자 그대로 어둠이다. 밤은 소멸, 무가치, 우울, 절망 그리고 고독에 대한 예감과의 만남이다. 더 이상 앞이 보이지 않는 이러한 상황에서 우리는 출구 즉 빛을 동경한다.

물론 밤을 부정적으로 볼 수는 있다. 그러나 그것이 전부가 아니다. 나는 완전한 밤을 믿지 않는다. 나는 밤과 그림자를 구별한다. 우리를 괴롭히는 그림자, 즉 우리가 우리 자신에게서 인식하고 괴로워하는 어두운 부분이 전부가 아니다. 그림자는 몰아내려 하기보다는 화해해야 할 나의 일부분이다. 이미 내 안의 어둠으로 자리 잡게 된 증오 역시 부정해서는 안 된다. 증오를 사랑의 그림자로 이해하면 된다. 증오를 바라보고 이해하려 한다면 그다지 위협적이지도 않다. 그림자는 자기 변명이다. 그러므로 그림자를 제거하는 것은 위험하다.

우리는 자신의 그림자와 화해할 수 있다. 그림자 또한 자기 존재의 일부분임을, 그림자 자체가 나쁜 것이 아님을 인식하기 시작하면 화해할 수 있다. 그림자와 직접 맞붙어 싸우려고 하면 우리의 힘이 다 소진되는 위험에 빠질 수 있다. 싸울수록 그림자의 힘이 더욱더 강해지기 때문이다. 그림자를 삶에 받아들여 길들이고, 그림자와 대화를 해야 한다. 그림자가 얼마나 오랫동안 존재해 왔는지, 왜 존재하게 되었는지를 ….

질투나 완고함 같은 나의 어두운 부분들 역시 하느님 안에 놓아 드리도록 나 자신을 다독거려야 한다.

동경과 성性

"자신의 가장 깊은 동경은 결코 사라지지 않는다는 것을 알게 되면 사람들은 좌절한다. 그들은 결혼을 한 뒤에도 새로운 파트너를 꿈꾼다. 아름다운 곳으로 이사를 가자마자 다른 곳을 찾는다. 자식을 사랑한다면서, 이루지 못한 자신의 꿈을 자식에게 투영한다. 돈을 벌고, 경력을 쌓고, 집을 사고, 항상 바라왔던 것들을 다 얻었지만, 여전히 그들의 마음 한 구석에서 끊임없이 붕붕거리는 동경의 엔진을 끄기에는 부족하다."

과거에 수도승이었다가 현재는 심리치료사로 활동하고 있는 토머스 모어의 말이다. 사랑에 대한 동경은 사랑하는 남자/여자와 결혼하도록 몰아간다. 하지만 결혼이 우리의 동경을 만족시켜 주지 못한다는 것을 곧 깨닫게 된다. 우리는 더 매력적인 여자, 더 정력적인 남자를 갈망하게 된다. 그러나 이들도 역시 우리의 동경을 만족시켜 주지 못할 것이다. 우리는 체념해 버리거나 아니면 그 상태 그대로 만족해야 한다. 그렇지 않으면 계속해서 새로운 남자/여자를 찾게 될 것이다. 그러나 이 딜레마에서 빠져나올 수 있는 가능성이 있다. 사랑이 우리 안에서 일깨우는 동경을 하느님에게로 향하게 하면 된다.

토머스 모어는 성性이 동경과 아주 밀접한 관계를 지닌다고 말한다. "우리의 이상적인 연인은 하느님 안에서만 발견할 수 있다는 사실을 깨닫게 될 때, 인간의 성은 만족될 수 있다."

동경과 섹스는 대립적이지 않다. 동경은 섹스에 깊이를 더해 준다. 섹스를 삶의 본질적인 비밀이자 신적인 차원으로 상승시켜 줄 수 있다. 토머스 모어는 심지어 침대를 기도하는 곳, 즉 "동경으로 영감을 받고, 기쁨이 충만한 영적인 장소"이며 "그 어떤 제단도 이보다 더 성스럽지 않다"고까지 말한다. 그의 말에 담긴 의미는 다음과 같다. 성性이 신성神聖을 암시하는 오직 그때만, 성은 우리를 실망시키지 않고 활기를 유지한 채 하느님에게로 향하도록 도와준다.

하나되기

인간의 원초적인 동경은 합일 즉 하나됨을 목적으로 한다. 현대인들은 섹스를 통해서 가장 큰 합일을 갈망한다. 이때는 자신을 망각하고 연인과 완전한 일치에 이른다. 심리학자 베레나 카스트는, '너'와 하나가 되고 싶은 동경은 결국 본질적이고 원초적인 완전함에 대한 동경이라고 말한다. 그리스 철학자 플라톤은 합일에 대한 인간의 동경을 인상 깊은 비유, 즉 구球 — 인간 신화로 설명했다. 인간은 원래 둥근 공(球), 온전함이었다. 이 공이 두 쪽으로 갈라진 후로 인간은 원초적인 온전함으로 돌아가기를 갈망한다는 것이다.

플라톤의 또 다른 비유는 유명한 동굴의 비유이다. 영혼은 본디 신의 영역이었으나 육체의 동굴로 추방당했다. 영혼은 동굴 안에 드리워지는 그림자만을 본다. 그러면서 영혼은 육체에 의해 방해받지 않고 온전히 자기 자신일 수 있는 고향으로 돌아가기를 갈망한다. 그리스철학은 합일에 대한 동경을 계속해서 발전시켰다. 그들은 '토헨'*Tò Hén*, 즉 하나의 독특한 철학을 만들었다.

합일에 대한 동경은 그리스 교부, 니사의 그레고리우스와 디오니소스 아레오파기타가 발전시킨 그리스도교적 합일의 신비주의에 의해 계승 발전되었다. 신비주의자는 하느님과 하나가 되기 위해 노력한다. 내가 하느님과 하나가 되면 나 자신과도 하나이고, 모든 피조물들과도 하나이다. 그리고 나는 인생과 현존하는 모든 것을 긍정한다. 합일을 경험하는 이러한 순간에 동경은 충족된다. 하지만 이 체험은 언제나 순간일 뿐이다. 이 순간이 지나고 나면 나는 다시 분열과 고독, 외로움으로 고통받는다.

낙원

"나는 세속의 낙원에서 무엇인가를 그리워하며 홀로 이리저리 배회하는 아담의 고독을 증오한다."

라틴아메리카의 여성 시인 지오콘다 벨리는 아담을 고독한 인간으로 이해한다. 하느님이 아담을 창조하고 낙원으로 보냈지만, 아담은 그것으로 만족하지 못했다. 아담은 혼자임을 느낀다. 하느님은 아담을 가엾이 여겨 그의 갈비뼈로 이브를 창조하신다. 아담은 이브에게서 자신의 반려를 인식한다. "내 뼈에서 나온 뼈요, 내 살에서 나온 살이로구나"(창세 2,23).

아담은 모든 피조물에게 이름을 지어 주고 지배했다. 그러나 세상의 모든 권력과 온갖 아름다움도 아담에게는 만족스럽지 않았다. 남자는 아내를 원하고, 아내 없이 완전함을 느끼지 못한다. 지오콘다 벨리는 분명 이런 고독을 인식했던 것이다.

사회에서 아주 잘나가는 사람들이 있다. 하지만 그들 역시 혼자서 그리움에 젖어 세상을 이리저리 방황한다. 남자에 대한 여자의 동경 혹은 여자에 대한 남자의 동경은 너무나 강력하여, 그들로 하여금 혼자서 외롭게 세상을 방황하고 있다고 생각하게 만든다. 그 어떤 부나 성공도 남자가 여자를 통해서 그리고 여자가 남자를 통해서 경험하는 성취감과 비교할 수 없다. 그래서 이 동경이 충족되지 않으면 남자는 여자를, 여자는 남자를 찾아서 두리번거리게 된다. 그러나 일단 동경이 충족되고 나면, 곧바로 그들은 다음과 같은 인식에 이르게 된다. 사랑은 계속해서 새로운 동경을 추구하고, 자신의 파트너는 새로운 동경을 결코 완전하게 만족시켜 줄 수 없다는 사실이다.

밤에 강연을 끝내고 차를 타고 집으로 돌아올 때 나는 졸음을 떨쳐내기 위해서 라디오를 켜고 고전음악 방송을 찾는다. 하지만 그 시간대에 고전음악 방송을 찾기란 쉽지 않다. 그래서 결국 나는 대부분의 방송이 내보내는 가요를 들을 수밖에 없다. 대부분의 가요들은 사랑에 대하여, 사랑이 주는 고통에 대하여, 절대적인 사랑과 보호를 받고 싶은 동경에 대하여, 버림받을지 모른다는 불안감 없이 상대방과 하나가 되고 싶은 동경에 대하여 노래한다.

대중가요는 사랑의 동경이 인간에게 있어서 가장 강렬한 동경임을 알고 있다. 아담은 이브를 통해서 자신의 삶이 진정한 낙원이 되기를 희망했다. 그러나 얼마 안 있어 두 사람은 낙원에서 추방당한다. 그들은 인생이 수고스럽다는 것, 그들은 먼지일 뿐이고 먼지로 돌아가야만 한다는 것을 깨닫는다(창세 3,19). 그리고 동경은 계속된다.

어지럽다, 타오른다

동경을 아는 자만이

내 괴로움을 안다!

모든 기쁨과

결별하고 혼자서,

하늘 이곳저곳을 쳐다본다

아! 나를 사랑하고, 나를 아는 이가

이 세상에 있구나

내 마음이

어지럽다, 타오른다

동경을 아는 자만이

내 괴로움을 안다!

독일문학에서 가장 널리 알려진 괴테의 시 가운데 한 편이다. 시인은 사랑하는 연인과 이별하고 괴로워하는 사람의 동경을 표현한다. 그는 하늘을 이리저리 바라본다. 어지럽고 속이 탄다. 괴테는 그렇게 노래하면서 독자와의 유대를 찾는다.

"동경을 아는 자만이 내 괴로움을 안다."

사랑에 빠졌다가 연인과 헤어져 본 사람, 사랑하지만 그 사랑의 응답을 받지 못한 사람, 사랑의 오해를 경험한 사람, 사랑을 앓고 있는 사람을 이해하는 데 동경은 필수 조건임에 틀림없다.

괴테는 연인들의 괴로움을 이해하기 위해 그들과 똑같은 사랑을 경험해야 한다고 노래하는 것이 아니다. 동경이면 충분하다. 사랑을 동경하는 가운데, 사랑이 무엇인지를 알게 된다. 사랑을 하며 고독을 느끼는 그리고 사랑의 응답을 받지 못할까 봐 전전긍긍하는 사람들의 괴로움을 알게 된다.

동경은 지금 괴로워하는 사람에게 나를 다가가도록 한다. 동경을 충분히 이해하는 나 자신도 때로는 소망과 성취 사이의 갈등으로 괴로워한다. 그러므로 나는 동경을 성취하지 못해 괴로워하는 사람들을 이해하고, 그들이 사랑에 얼마나 단단히 얽매여 있는지를 이해한다.

사랑의 무한한 충만

젊은 시인 프리드리히 폰 하르덴베르크는 필명으로 '새로운 땅을 개간하는 사람'이라는 뜻의 '노발리스'라는 이름을 사용했다. 낭만주의의 상징이 된 '파란 꽃'의 창시자이며, 29세의 나이로 너무 일찍 세상을 떠난 시인의 문학에는 독특한 광채가 있다. 25세의 노발리스는 어린 약혼녀가 세상을 뜨자, 내면에서 이 세상과 이별을 고하고 애인을 따라 죽으려고 했다. 그의 문학에는 다른 세계에 대한 이러한 동경이 각인되어 있다.

아무리 무감각한 자일지라도

단 한 번만 이 맛을 보면,

모든 것을 버리고

우리에게로 와,

결코 비지 않게 될

동경의 식탁에 앉았다

그들은 사랑의

무한한 충만을 인식했고,

살과 피의

양식을 칭송했다

노발리스는 독자를 동경의 식탁으로 초대한다. 독자들은 동경의 식탁에서, 우리의 삶에 진정한 광채를 선사하는 사랑의 무한한 충만을 인식한다. 이 사랑의 맛을 본 사람은 모든 외적인 것, 즉 직업이나 재산 따위를 뒤로하고 동경의 식탁에 앉는다. 노발리스의 시와 미완성 소설을 읽는 독자는 그가 차려놓은 동경의 식탁에 앉는 셈이다. 그곳에서 우리를 무한한 사랑의 왕국으로 인도할 사랑의 동경에 참여하는 것이다.

사랑에 대한 동경은 노발리스의 단장(斷章, 독일 낭만주의의 문학 장르)에서도 울려퍼진다. 노발리스는 말한다. "모든 동화는 도처에 있고 아무 데도 없는 고향에 대한 꿈일 뿐이다."

고향, 그곳은 사랑의 세계이다. 인간의 사랑에서는 신의 사랑이 빛난다. 신의 사랑이 인간의 사랑 속에서 빛나는 오직 그곳에 고향이 있다.

우리는 동화를 읽으며 고향에 대한 꿈을 꾼다. 고향은 도처에 있고 아무 데도 없다. 고향은 우리가 있는 그곳이다. 동화를 읽을 때 우리 삶은 고향이 된다. 그러나 고향은 동시에 또 그 어디에도 없다. 우리는 고향을 잡아 둘 수 없다. 고향은 항상 우리의 손에서 빠져나가 사라진다.

노발리스는 시인일 뿐만 아니라 낭만주의 철학자이기도 하다. 문학과 마찬가지로 철학도 고향에 대한 향수로 채워져 있다. 노발리스는 "철학은 본래 향수 — 어디에서든 집을 찾고자 하는 충동이다"라고 말한다.

내 생각 속에서 비밀이 열리는 그곳에 고향이 있다. 비밀이 살고 있는 그곳만이 고향일 수 있기 때문이다.

사랑의 굶주림

독일의 위대한 시인 요한 볼프강 폰 괴테도 사랑과 동경의 연관성을 노래한다. 괴테는 이슬람 문학을 다룬 시집에 「신성한 동경」이라는 제목의 시를 수록했다.

현자賢者 이외의 다른 사람에게는 말하지 마라
대부분은 비웃을 테니까
불꽃 같은 죽음을 갈망하는
살아 있는 것을 칭송할 것이니

사랑을 나누는 밤
너를 탄생시킨 싸늘함
네가 탄생한 곳
그곳에 고요한 촛불이 밝혀지면
낯선 감정이 너를 덮치리

너는 더 이상 어둠의 그림자 안에
붙들려 있지 않고
새로운 욕망이 너를 충동질하여
보다 높은 교합으로 향하게 하리

거리가 멀어도 상관없으니
날개를 단 듯, 마법에 걸린 듯 와서
불나방인 네가 불에 타 버릴 때까지
빛을 갈망하리

죽어서 되라!는 이것이
너에게 이루어질 때까지
너는 어두운 지상에서
그저 우울한 손님일 뿐이다

괴테는 에로틱한 사랑, 하나가 되는 섹스의 행위에 대해 이야기한다. 하지만 사랑의 섹스 행위에도 보다 높은 것에 대한 새로운 욕망이 있다. 사랑을 하며 애인과 하나가 되는 사람은 자신이 무한히 넓은 곳을 갈망하고, 빛과 하나가 되고 싶어 하는 불나방이라고 느낀다. 사랑에 굶주린 불나방은 불과 하나가 되기 위해 불 속으로 뛰어든다.

아빌라의 데레사에게도 불나방은 신비의 차원, 즉 하느님과 하나가 되고 싶은 동경에 대한 상징이다. 하느님과 하나되기는 자기 자신을 극복할 때만 가능하다. 괴테가 말하는 신성한 동경은 결국 하느님에 대한 동경이다. 괴테는 '위로 솟아오름'에 대해 즐겨 말한다. 인간은 자신의 눈을 '위로' 향하여 도움을 청하듯 하늘을 본다. 괴테는 이러한 동경의 시선이야말로 본질적인 인간의 속성이라고 설명한다.

"지상의 수천 수만 가지 현상들이 인간을 매료한다 해도, 탐구하고 갈망하는 인간의 시선은 저 위의 무한한 공간, 하늘로 향한다. 자신이 그분에 대한 믿음을 거부하거나 포기할 수 없는 천상 왕국의 주민이라는 사실을, 인간은 깊고 분명하게 느끼기 때문이다."

괴테는 인간이 지상에 얽매여 있다는 사실을 진지하게 받아들인다. 그렇지만 인간의 무한한 동경이 그의 갈구하는 시선을 하늘로 향하게 자극한다는 사실도 괴테는 알고 있었다. 인간은 지상의 주민일 뿐 아니라 천상 왕국의 주민이기도 하다. 두 왕국을 모두 받아들일 때 인간은 비로소 완전해질 수 있다.

괴테는 양 극을 함께 보았다. 인간의 온전한 형상을 추구한 괴테의 시선이 오늘날의 우리에게도 필요하다. 우리 자신을 완전한 존재, 즉 지상성과 초월성을 동시에 지닌 존재로 인정하는 태도가 절실하다.

마음 안에 사랑이 있다

인간은 누구나 사랑하고 사랑받기를 원한다. 아무도 자기를 사랑하지 않는다고, 아무도 자기를 품에 안아 주지 않는다고 불평하는 사람들이 많다. 자신을 어루만져 주고 사랑받고 있음을 느끼게 해 주는 사람, 자신을 세상에서 가장 소중하게 여겨 주는 사람을 우리는 동경한다. 그러다 이 동경이 채워지지 않으면 그들은 자기 연민에 빠진다.

생텍쥐페리는 편지에 다음과 같은 말을 쓴 적이 있다. "사랑을 동경하는 것이 바로 사랑이라고 말한 적이 있었지."

사랑을 동경하는 것 자체가 이미 사랑이라고? 이 말의 진의를 잘 해석해 보면 큰 위로를 받을 수 있다. 사랑을 동경하는 나는 이미 사랑할 능력을 지녔다고 해석할 수 있기 때문이다. 사랑의 동경에는 이미 사랑이 포함되어 있다. 사랑을 동경하는 나는 이미 그 사랑을 경험하고 있는 것이다. 비록 그 사랑을 느끼지는 못하지만 가슴에 손을 얹고 있으면, 마음에 떠오르는 사랑의 동경을 느낄 수 있다.

페터 쉘렌바움은 저서에서 동경과 사랑의 밀접한 연관성을 여러 차례 이야기했다. 동경이 없는 사랑은 없고, 사랑이 없는 동경도 없다. 동경과 사랑은 같은 신체 부위 즉 심장에서 연결된다. "사랑과 동경 때문에 괴로워하는 사람은 가슴 한가운데 심장에 손을 얹기 때문이다." 이 동작은 사랑이 심장에서 흐른다는 것을 확인시켜 준다.

사랑과 동경이 만드는 긴장은 사랑을 소중하고 심오하며 더욱 깊어지

게 한다. 사랑의 행복과 동경의 고뇌가 이토록 긴밀하다는 것은, 사랑이
언제나 초월성을 내포하고 있음을 보여 준다. 우리는 항상 절대적이고
조건 없는 사랑을, 현실의 파트너는 결코 채워 줄 수 없는 영원한 욕망
을 동경한다는 것이다.

열정

철학자 헤겔은 말했다. "열정 없이 이루어지는 것은 없다. 앞으로도 없을 것이다."

심리학자 필립 레어쉬는 열정이 자신을 초월하려는 노력이라고 정의한다. 강력한 충동이라는 점에서 열정과 동경은 닮았다. 열정과 동경은 긍정적으로도, 부정적으로도 사용할 수 있는 강력한 동력이다.

초기 수도승들은 열정이 '감정을 북돋우며', 인간을 자극하는 힘이라고 생각했다. 그래서 열정을 잘 다루는 것, 즉 하느님에게로 가기 위해 열정을 이용하고 욕망 안에 숨겨진 동경을 긍정적으로 생각하는 것을 영성 생활의 중요한 요소로 여겼다.

초기 수도승들은 세 가지 기본 욕구 즉 음식, 섹스, 소유를 욕망으로 규정했다. 이 세 가지는 인간이 살아가기 위해 필수적인 욕구들이다. 그러나 되레 이것들이 인간을 지배할 수도 있다. 그렇게 되면 음식은 식탐, 섹스는 난잡한 성생활, 소유하려는 노력은 탐욕이 된다. 그렇다 해도 영성 생활을 할 때 이들 욕구를 결코 무시해서는 안 된다. 음식을 먹는 행위에는 하느님과 하나가 되고 싶은 동경이 표현되어 있다. 섹스에는 환희에 대한 동경이 감추어져 있다. 영성 생활의 목적은 사랑의 환희 속에서 하느님과 하나가 되는 것이다. 그리고 소유는 안정에 대한 동경이다. 그러나 진정한 안정은 오직 하느님 안에서만 경험할 수 있다.

거룩한 안정

바쁠 때는 누구나 쉬고 싶다. 그리고 자신을 분열에 빠뜨리는 상황으로부터 벗어나기를 간절히 바란다. 문을 닫아 걸고, 더 이상 일상의 분주함에 지배당하고 싶지 않다. 사람들은 안정과 동경이 반대라고 생각한다. 조용히 휴식하고 있을 때는 스스로에게 만족하기 때문이다. 스스로에게 만족하면 고향과 보호에 대한 동경, 사랑하고 사랑받고 싶다는 동경은 사라지기 마련이다.

그러나 낭만주의 시인 프리드리히 슐레겔은 안정과 동경을 하나로 본다. 그의 소설 『루친데Lucinde』에서 여주인공은 애인에게 묻는다. "율리우스, 이토록 편안한데도 동경을 느끼는 이유가 무엇일까요?"

율리우스가 답한다. "동경하고 있을 때만 안정을 느끼기 때문이지요. 정신이 아무런 방해를 받지 않는 상태에서, 오로지 자신의 동경만을 발견할 수 있는 곳을 찾을 때 마음은 안정되기 때문이지요."

생각이나 행동 없이 무엇을 바라기만 하면 절대로 안정을 얻지 못한다는 것이다. 정신이 초월적인 것을 동경할 때, 즉 초월적인 것을 향해 쭉 뻗어나갈 때 안정이 뒤따라오게 된다. 프리드리히 슐레겔은 거룩한 안정, 즉 거룩한 것에 도달하는 안정을 말하고 있는 것이다. 율리우스는 이러한 거룩한 안정을 오직 동경을 통해 발견할 수 있다고 말한다. 이에 루친데는 다음과 같이 답한다. "그러면 이 아름다운 안정에 거룩한 동경이 있겠군요."

방랑과 정주

이것은 나의 싸움이다
매일매일 동경하며 방랑하기
강하고 넓게, 수천 개의 뿌리를 가지고
삶으로 깊이 들어가기
고통을 통해 삶에서부터 멀리
시간으로부터 멀리 도망치기!

라이너 마리아 릴케의 이 비유는 우리에게 익숙지 않다. 우리는 매일매일 동경 속에서 살도록 운명지어졌다. 우리는 동경에 봉헌되었다. 한마디로 동경은 성스러운 것이다. 하느님께 봉헌하듯이 우리는 동경에 봉헌한다. 우리는 동경 안에서 하느님을 만난다. 이 봉헌, 즉 동경을 통해 성스러워진 우리는, 그 어디에도 정착하지 못하고 방랑하면서 인생길을 나아가도록 정해졌다. 이것이 인생의 한쪽 극이다. 다른 극은 이 세상에 뿌리를 박고 있다. 우리는 삶의 바닥 깊은 곳에 뿌리를 내려야 한다. 뿌리에서 솟아오른 나무는 시간을 뚫고 위로 뻗어 오른다.

릴케는 이를 나무가 성장하는 고통으로 표현한다. 이것은 또 우리의 궁극적인 뿌리는 이 세상에 존재하지 않는다는 것을 보여 주는 것이기도 하다. 삶의 나무는 이 세상의 시간을 넘어 영원함으로 뻗어 나간다. 이렇듯 방랑으로 몰아가는 동경과 뿌리내리라는 압박의 긴장 사이에서 우리는 살고 있다.

인생의 역설은, 이 세상에 박고 있는 뿌리가 오히려 우리를 세상 밖으로 데려간다는 데 있다. 나무가 하늘을 향해 더 높이 뻗어 나가기 위해 뿌리를 땅 속에 더욱더 깊이 박듯이, 우리도 피안의 세계 즉 하느님에게 더욱더 가까이 다가가기 위해 이 삶 속에 더욱 깊이 뿌리내린다.

방랑과 정주, 이 둘은 우리의 동경이 결코 충족되지 않는 이 세상에서의 동경과 고통의 표현이다.

방랑자의 마음을 유지하라

방랑, 그것은 삶의 원초적인 모습 중 하나이다. 우리는 끊임없이 변화하는 방랑자이다. 멈춰 서 있을 수 없다. 그러나 우리는 종종 방랑자의 마음을 접고 이 세상에 적응하고 싶어 한다. 그래서 건물을 짓고 그 안에 있으면 집에 있는 것이라고 믿는다. 그러나 그 어떤 집도 우리를 진정으로 보호할 수 없다. 집은 언제나 시간의 고향일 뿐이다. 늘 같은 장소에 있다 할지라도 우리는 방랑자이다. 초기 수도승들 중에는 평생 동안 방랑하는 사람들이 있었다. 그들에게 있어 삶은 하느님에게로 가는 끊임없는 방랑이었다.

그에 반해서 베네딕도 성인은 한 장소에 머무르는 것, 즉 정주定住를 이야기했다. 그러면서 성인은 내적인 방랑에 대해 진지하게 생각했다. 그의 제자들은 침묵을 세상을 벗어나 방랑하는 것으로 이해했다. 그래서 '방랑은 침묵'이라고도 했다. 제자들은 인간이 방랑자의 마음을 포기하면 내적으로 성장을 멈춘 것으로 여겼다. 늘 같은 집에서 같은 식구와 살면서 같은 회사에서 일하지만, 인간이 되기 위해서는 방랑자의 마음이 필요하다. 침묵은 무의미한 잡담에서 벗어나 방랑자가 되기 위한 하나의 가능성이다.

"방랑자의 마음을 유지하라. 너의 동경을 보호하라." 기젤라 드레허리헬의 충고다. 방랑자의 마음이 우리 안에서 활기차게 움직일 수 있도록 동경을 보호해야만 한다. 그런데 어떻게? 본질적으로 동경은 인간 존재에 포함된 것이 아닌가? 기젤라는 우리의 동경이 위험에 처했다고 생각한 게 틀림없다. 우리가 세상에 잘 적응하여 현실적인 것에만 몰두해 있으면 동경은 잊혀질 수 있다. 그렇다면 어떻게 동경을 보호할 수 있을까? 기젤라는 세 가지 충고를 한다.

> 아름다움을 보거든 내버려두어라.
> 안전한 장소에서 너무 오래 잠들지 마라.
> 철새처럼 동경하면서 다른 땅을 찾아 서식하라.

우리를 붙들고 있는 것들이 동경을 은폐할 수 있다. 길을 가다가 세상의 아름다움을 즐기기 위해 잠시 쉴 수는 있다. 하지만 즐기다가 동경을 잃어버려서는 안 된다. 우리가 경험하는 아름다움은 절대적이고 능가할 수 없는 하느님의 아름다움을 암시해 준다. 우리에게 빛을 던지는 아름다움을 찾기 위해서 우리는 계속 방랑해야만 한다.

안전한 곳에서 잠 자는 사람은 아무 일도 일어날 리 없다고 생각한다. 잠에 취해 흥얼거리며 자신에게 닥칠 위험에 대한 불안을 억누른다. 위험을 대면하고 싶지 않다. 죽음을 거부하며 잠을 잔다. 물론 길을 가다가 쉬기 위해 잠을 잘 수도 있다. 그때 동경은 꿈속에서, 우리의 마음을 넓게 해 주고 새로운 길을 보여 주는 그분의 말씀을 전해 준다.

우리는 철새다. 우리의 둥지는 시간 위에 지은 보금자리일 뿐이다. 우리는 다른 땅으로 향하는 도중에 있다.

예수는 제자들에게 비유로 말씀하셨다. "여우들도 굴이 있고 하늘의 새들도 보금자리가 있지만, 사람의 아들은 머리를 기댈 곳조차 없다"(루카 9,58). 예수를 따르려는 자는 이 세상에 머물 장소가 없다는 것을, 새의 둥지도, 영원히 은거할 수 있는 동굴도 없다는 것을 의식해야만 한다. 영원한 고향을 찾을 때까지 길을 가고 있는 것이다. 우리는 둥지에 머무는 철새가 아니라, "동경하면서 다른 땅을 찾아" 날아가는 철새다.

마음이 평온해질 때까지

초기 그리스도교 시대의 위대한 사상가 아우구스티누스는 동경을 인간의 기본적인 실존 조건이라고 말한다. 유한하고 순간적인 것은 무한, 궁극, 영원을 갈망한다는 것을 그는 알고 있었다. 하느님이 우리의 마음에 그분과 영원히 함께 있고 싶어 하는 욕망을 주셨다. 원하든 원하지 않든 우리가 열정적으로 찾고 있는 것들 안에는 결국 하느님에 대한 동경이 숨어 있다. 전력을 다해 얻은 재산도 우리의 동경을 충족시켜 주지 못한다. 부를 획득하고 싶어 하는 갈망 안에는 안정에 대한 동경이 숨겨져 있다. 그러나 위험한 것은 재물이 우리를 점점 더 불안에 떨게 한다는 점이다. 성공을 위한 노력 뒤에는 가치 있는 사람이 되고 싶다는 동경이 숨어 있다. 하지만 그 어떤 성공도 동경을 충족시켜 주지 못한다는 사실도 우리는 안다. 우리 자신의 본디 가치는 오직 하느님 안에서만 발견될 수 있기 때문이다.

사람들은 누구나 사랑받고 사랑하기를 갈망한다. 그러나 이 동경이 충족되지 않고 고독과 절망으로 끝나고 만다는 사실을 확인하고 싶다면 당장 신문을 펼쳐들면 된다. 그럼에도 불구하고 시시해 보이는 모든 사랑 안에는 결국 절대적인 사랑에 대한 동경이 들어 있다.

아우구스티누스의 유명한 글을 보자. "나의 하느님, 당신 안에서 쉬기까지 내 마음은 불안합니다."

인간의 내면은 절대적인 고향, 무한한 보호, 잃어버린 낙원에 대한 충족되지 않는 갈증으로 가득하다. 밖으로 드러난 인간의 욕망이 달라보여도 궁극의 목적은 하나뿐이다. 신앙심이 없다거나 종교인이 아니라고 말하는 사람들에게도 동경은 찾아온다. 우리의 소원과 동경을 끝까지 따라가다가 결국 만나게 되는 것은 하느님에 대한 동경이다.

아우구스티누스는 일생 동안 여자와의 관계로부터 시작하여 철학, 학문, 성공, 우정을 갈구했다. 그리고는 마침내 자신이 궁극적으로 추구하던 존재는 하느님이었음을 고백하지 않을 수 없었다. 그의 마음은 하느님을 찾고서야 비로소 평온해졌던 것이다. 그는 말한다. "하느님만큼 동경할 수 있는 것은 아무것도 없었다."

단순하게 생각하라

합일에 대한 동경은 단순함으로 표현된다. 인생은 너무나 복잡해져 버렸다. 우리는 단순한 인생을 동경한다. 이것은 낭만주의자들만의 주장은 아니다. 삶을 단순화하는 것, 그것은 목표가 되었다. 베르너 티키 퀴스텐마허 목사는 '보다 단순하게 살기'라는 관념에 '보다 행복하게 살기'라는 이상을 결합시켰다. 그의 책 『단순하게 살아라*Simplify your life*』는 베스트셀러가 되었다. 그는 독자들에게 삶을 단순화하라고, 즉 복잡한 관계를 정리하고 집안의 잡동사니를 치우고 행동을 천천히 하며 단순함 속에서 자기 자신을 발견하라고 충고한다. 정말로 환영할 만하다. 짐을 다 던져 버리고 인생의 본질만을 찾는다면 그것이야말로 사람들을 가볍게 하는 것이다.

그러나 단순함에 대한 근본적인 동경은 위험한 방식을 취할 수도 있다. 세상은 점점 더 복잡해지고 우리 시대의 의문은 다양해지기 때문에 사람들은 단순한 해답을 찾는다. 그들은 자신들의 질문에 단순한 대답을 해 주고 세상사를 몇 가지 기본적인 사유로 설명하는 종교지도자를 찾아다닌다. 이러한 단순함에 대한 동경은 소위 교양인이라고 자처하는 사람들까지 유혹한다. 그들이 오성을 배반하고 더 나아가 기본 원칙까지 팔아 버리는 일이 발생한다. 제3제국(나치) 시절에는 민중적 세계관이 많은 지식인들을 히틀러의 손아귀에 밀어 넣었다. 공산주의 이데올로기 역시 단순한 세계 인식 유형이 되어 지식인들을 매료했다. 오늘날 단순

한 세계관에 대한 동경은 많은 사람들을 사이비 종교 단체에 빠져들게
한다. 그 구조는 언제나 동일하다. 자신의 생각을 포기한다. 책임을 다
른 심급 기관에 떠넘긴다. 자기 포기에서 자유를 찾는다.

우리 안에는 자유롭게 생각하려는 원초적인 동경이 있기는 하다. 그
러나 많은 이들은 이 자유를 가지고 아무것도 하지 못한다. 오히려 그들
은 자유를 포기하고 단순함을 동경한다. 하지만 단순한 답변은 생각을
편협하게 만들고 자유를 약탈해 갈 뿐이다.

나는 최근에 사이비 그리스도교에 몸 담았던 한 젊은이와 이야기를
나누었다. 아들과 잘 지낼 수 없었던 어머니가 그를 나에게 보낸 것이
다. 몇 가지 성경 구절에 대해 토론을 벌인 뒤, 그는 이미 알고 있던 해석
으로 나를 설득할 수 없음을 깨닫게 되었다. 신학자인 내가 성경에 있어
서 그 젊은이보다 훨씬 잘 이해하고 있는 것은 물론 당연했다. 단순한
답변을 준비하고 있던 그에게 내가 말했다. "자네 마음 가는 대로 생각
해 보게. 그것은 자네에게 주어진 훌륭한 권리일세. 나는 자네를 개종시
키고 싶지 않네. 그러나 한 가지만은 용납할 수 없네. 생각을 허락하지
않는다는 것, 그것이 인간에게는 크나큰 해악이라네. 그리고 그것은 틀
림없이 예수님의 정신과도 아무런 관련이 없다네. 예수님은 쉽게 남의
생각을 모방하지 않았고, 당신의 이성과 당신의 눈으로 보셨다네."

생각을 게을리하는 것은 성령이 주신 재능을 낭비하는 것이라고 칼

라너는 말한 바 있다. 명쾌한 설명과 단순한 해결을 동경하는 것은 당연한 일이다. 그러나 단순한 해결을 동경하는 것이 위험한 이유는, 복잡한 현실을 생각하는 것이 힘들어서 생각을 포기해 버리기 때문이다. 생각을 포기하면 자유도 함께 포기하는 것이 된다. 생각을 멈추는 사람은 자기 자신이나 세상과도 조화를 이루지 못한다. 그는 교체와 조작이 가능한 로봇으로 전락할 위기에 처하게 된다.

살아지는 대신 살기

중독 뒤에 가려진 동경을 인식하는 것, 중독을 동경으로 변화시키는 것, 그것이 중독에서 벗어나는 첫걸음이다. 그 다음으로 필요한 것은 규율이다. 동경은 '있는 그대로'의 현실을 받아들일 것을 요구하기 때문에 규율이 필요한 것이다. '규율'Disziplin이라는 말에는 '학생'discipulus이란 뜻이 숨겨져 있다. 평생 배우는 사람, 즉 학생의 신분은 삶의 현실에 속한다.

중독은 어머니 품에 머무는 응석 기간을 연장하는 것이다. 규율은 나를 인생 속으로 데리고 들어간다. 삶 그 자체를 받아들이고, 분명한 질서를 세우라고 가르친다. 라틴어로는 훈육, 질서 그리고 수단을 의미하기도 한다. 사람들은 이 단어가 'discere'(배우다)에서 연유한다고 생각한다. 아마도 어근은 'capere'(받아들이다)일 것이다. 'Dis-cipere'란 '파악하기 위해서 나누다'란 뜻이다. 무엇인가를 손에 든다. 그 안에 들어 있는 것이 무엇인지 보기 위해서 즉 이해하기 위해서 갈라 보고 나누어 본다. 규율이란 복종해야 하는 수동적인 어떤 것이 아니라 능동적인 것이다. 나는 삶을 손에 받아 든다. 삶을 자세히 바라보며, 정말로 살기 위해서, 즉 살아지는 대신 살기 위해서는 이 삶을 어떻게 나누어야 하는지 깊이 생각한다.

과거에 규율과 질서가 지나치게 오용되었기 때문에, 지난 10여 년 동안 규율은 오히려 무시되어 왔다. 규율 없이도 잘 살 수 있다고 생각했던 것이다. 규율과 함께 과거의 지혜도 포기해 버렸다. 수도승의 격언은 이렇게 말한다. "무기도 없이 싸우는 자는 이미 진 것이다."

지속적으로 배우고 성장하기 위해서는 분명한 무기(수단)가 필요하다. 심리학자 존 브래드쇼는 "규율이란 삶의 고통을 줄이는 기술"이라고 한다. 규율이 없으면 인간은 자기 자신 때문에, 자신의 내·외적 혼돈 때문에 괴로워한다. 빙겐의 힐데가르트는 "규율이 우리를 언제 어디서든 기뻐하도록 인도한다"고 말한다. 우리는 규율을 통해서 삶을 직접 주조鑄造하는 방법을 배운다.

그리스인들은 자기수련에 대해 말한다. 자기수련이란 연습이고 훈련이다. 스포츠 선수는 목표에 이르기 위해 훈련한다. 철학자는 내적 자유에 이르는 훈련을 한다. 중독 뒤에 가려진 동경을 인식하는 것만으로는 충분하지 않다. 자기수련 없이 중독은 변화하지 않는다. 자기수련에는 포기도 속한다. 그러나 이것은 단순한 포기가 아니라, 내적인 자유에 익숙해지는 의식적인 연습이다. 심리학자들에 의하면, 자기를 포기하지 않는 어린아이는 강한 자아를 개발할 수 없다고 한다. 자신의 욕구를 그 즉시 만족시켜야 하는 사람은 결코 성장하지 못한다. 결핍을 참아내야만 능력이 개발된다.

자기수련을 통해 나는 수동적으로 교육받는 것이 아니라 내 삶을 직접 조성할 수 있음을 느낀다. 자기수련은 삶의 욕구를 불러일으킨다. 훈련을 통해 내 능력을 개발하고 싶은 욕구를 얻는다. 살고자 하는 욕구 없이는 중독을 극복할 수 없다. 자기수련을 통해 욕구를 다스리는 법을 배우는 사람만이 진정으로 인생을 즐길 수 있다. 자기수련은 인생의 즐거움을 고취시키는 반면, 중독은 참된 즐거움을 방해한다.

너의 손수레를 별에 매달아라

손수레를 미는 사람은 조심해야 한다. 전복될 수 있기 때문이다. 우리는 수레를 밀고 가면서 장애물을 살핀다.

레오나르도 다빈치는 충고한다. "너의 손수레를 별에 매달아라." 대체 무슨 뜻일까?

르네상스의 위대한 천재 예술가는, 우리의 시선이 지상을 뛰어넘어 별을 향해야 함을 말하고 있는 것이다. 그는 자신의 수레를 별에 매달았다. 그럼으로써 시대의 협소한 지평을 넘어 멀리까지 내다보는 능력을 얻은 셈이다. 레오나르도 다빈치의 그림 '최후의 만찬'은 발표 당시 이미 '기적'이라 불렸을 정도로 그는 천재적인 화가였다. 뿐만 아니라 현실을 새로운 눈으로 관찰하는 능력을 지닌 천재 발명가이기도 했다. 그는 거의 모든 분야를 연구하였다. 그는 해부학자, 식물학자, 동물학자, 지질학자, 수리학자, 고층기상학자, 광학자, 기계 공학자였다. 자신의 '수레'를 별에 매단 그는 당대를 훨씬 뛰어넘는 현대 자연과학의 선구자가 되었다.

레오나르도 다빈치처럼 수레를 별에 매단다면 진부하고 평범한 일상에 안주하려는 위험으로부터 벗어날 수 있다. 우선 짐을 내려놓을 수 있는 곳으로 수레를 밀고 가야 한다. 그 과정에서 그저 땅바닥만 내려다본다면 우리의 삶은 무감각해지고 만다. 이 세상을 초월하는 마음을 가지고 살아야 한다. 그래야만 일상에 지치지 않고 이 세상을 견딜 수 있다.

수레를 이제 막 구덩이에서 끌어냈는데, 또 다른 걸림돌을 만나게 되면 실망할 수밖에 없다. 그러나 별을 바라보는 사람은 걸림돌 저 너머를 보기 때문에 전전긍긍하지 않는다. 그의 목적은 순간적이고 진부한 것을 뛰어넘는다. 그는 수레를 차분하게 계속 밀고 나간다. 마음이 별에 가닿아 있기 때문에 일상의 무감각은 사라지고 마음은 가벼워진다. 자신을 향해 반짝이는 별, 또 다른 지평의 세계를 암시하는 별이 존재한다는 사실을 그는 알고 있기에, 차분하게 일상의 장애물로부터 벗어날 수 있다.

동경은 일상으로부터의 도피가 아니다. 동경은 진부하고 평범한 인생을 긍정하도록 도와준다. 직업, 가족, 친구, 배우자를 통해 우리의 동경을 충족시키려 할 필요가 없다. 오히려 이러한 것들은, 현세의 삶이 결코 채워 줄 수 없는 성취에 대한 동경을 일깨워 준다. 우리는 성취를 지상에서 구하지 않기 때문에, 관계가 깨지거나 일이 실패해도 실망하지 않는다. 우리는 계속 살아가면서, 경험한 바를 즐기면 된다. 이 길은 성취와 실망을 지나 영원한 충만을 누리게 될 곳으로 우리를 인도해 간다.

가련한 사람은
동경을 이루지 못한 사람이 아니라
동경이 무엇인지 모르는 사람이다

넓은 곳으로 도약하기

약 30년 전에 감성 훈련을 받은 적이 있다. 그때 나는 유년기에 이루지 못했던 욕망들과 만나게 되었는데 그것은 나에게 혼란을 가져왔다. 무언가 손해 보았다는 느낌을 받은 것이다. 그러나 얼마 후 휴가를 맞아 혼자서 호숫가에 앉아 있던 중, 불현듯 마음속 깊은 곳에서 기쁨이 솟아올랐다. 채워지지 않았던 욕망들을 그대로 수용할 수 있을 것만 같았다. 나는 스스로에게 말했다.

"욕망이 충족되지 않았던 것이 오히려 다행이었다. 그것이 나를 더욱 깨어 있게 하면서 마음을 열고 하느님에게 의지하도록 한 것이다. 그렇지 않았더라면 나는 아마도 평범한 일상 안에서 그런대로 만족하며 살았겠지만, 나만의 소명을 발견하지는 못했을 것이다."

나의 소명은 하느님과 이웃을 향해 마음이 언제나 열려 있도록, 마음속의 동경을 깨어 있게 유지하는 것이다. 넓은 마음 안에는 이웃을 위한 자리가 있다. 넓은 마음은 이웃을 평가하지 않는다. 넓은 마음은 깨지고 실망하는 인생을 받아들인다. 넓은 마음은 위축되지 않는다. 넓은 마음은 실망을 기회로 이용하여, 보다 넓은 곳으로 나갈 수 있는 도약대로 삼는다.

삶의 아픔들과 화해할 수 있는 길은 많다. 삶의 상처들을 동경의 활력소로 이해할 때 화해할 수 있다. 상처는 원래대로 남게 된다. 그리고 계속해서 나를 아프게 할 것이다. 그러나 나는 연민에 빠지지 않고 말할 것이다. "상처는 아프지만 이런 아픔 때문에 나는 진정한 치유, 즉 궁극적인 완치와 온전함을 동경하게 된다." 그러므로 상처가 다시는 나타나지 않도록 완전히 처리해야 한다는 압박감으로부터 벗어날 수 있다. 이제 상처는 내 안에 둥지를 틀어도 된다. 상처는 동경을 떠올리게 해 주기 때문이다. 상처는 동경을 통해서 활기를 얻고 사랑으로 가득한 넓은 마음을 만나게 해 준다.

진심으로 자신의 현실과 맞서는 사람의 동경은 좁은 마음에서 벗어날 수 있는 힘이 되어 준다. 이것이 바로 영성이다. 영성은 활기의 흔적인 동경을 따르고, 그 동경의 밑바닥까지 간 다음 다시 넓은 곳으로 즉 자유, 사랑, 생명으로 나아가게 하는 것이다.

종교적 고향

수도원에 들어오는 이들은 종종 신앙의 고향을 잃었노라고 말한다. 그들은 본당에서 고향을 느끼지 못한다고 말한다. 교회에서 고향을 발견하지 못하기 때문에 많은 이들이 교회를 떠난다. 그렇다 해도 종교적 고향에 대한 동경은 여전히 남아 있다. 그래서 영적 여정을 도와줄 사람을 찾는다. 미사를 통해 고향을 느끼고, 자신의 밝은 면과 어두운 면 모두가 있는 그대로 받아들여지고, 마음에 감동을 얻게 되기를 동경한다. 그들은 이런 소망과 상반된 체험을 했던 것인지도 모른다. 도덕적인 설교는 있는 모습 그대로의 그들 자신을 긍정하지 못하게 했고 자신들이 판단 받는다고 느끼게 했다. 그래서 그들의 동경은 영적 여정을 향하게 된다. 그들은 자신의 영적인 동경을 마주하고, 믿음과 의혹 그리고 노력이 모두 진지하게 수용되기를 원한다.

많은 사람들이 종교적 고향을 동경하고 있다. 이 동경은 유아적 신앙에 대한 동경이나 치유에 대한 동경이 아니다. 오히려 앞을 보고 싶은 동경, 하느님과 비밀을 향해 마음을 개방하려는 동경이다. 또 하느님이 마음을 어루만져 주기를 바라는 동경, 하느님과 이웃이 마음에 말 걸어 주기를 바라는 동경이다. 많은 사람들에게 교회가 종교적 고향이 되어 주지 못한다는 것이 가슴 아프다. 그래서 나는 강연과 책을 통해 사람들로 하여금 고향을 느낄 수 있고 '집에 있다'는 느낌을 받을 수 있도록 길을 열어 주는 것이 나의 소명이라 여긴다.

넓은 마음으로 가는 길

많은 사람들이 건강한 영성을 간절히 소망하고 있다. 염세적이지도, 그렇다고 지나치게 도덕적이지도 않은 영성을 바라는 것이다. 인간에게 우호적이고 낙관적인 영성을 구한다. 구체적으로 설명하면 다음과 같다. 요즈음 많은 사람들이 내적 분열을 겪는다. 그들은 불안과 우울을 잘 다루지 못한다. 자신들을 계속 이끌어 줄 힘을 찾고 있다. 두려움과 불안이 권력을 행사하지 못하는 공간에서 그들을 지탱해 주고 인도해 줄 믿음을 찾고 있는 것이다. 이때 가장 불필요한 것이 위협적인 단죄斷罪이다. 자기 스스로를 단죄하는 사람들이 많다. 그들은 자신이 성숙하지 못하다고, 신앙심이 부족하다고 생각한다. 그들에게 필요한 것은 도덕적인 경고가 아니라 마음의 안정이다. '이것이 나에게 유익하다'라는 인식을 심어 줄 경험과 공간이 필요하다. 즉 '이것은 내 영혼과 마음에 유익하다', '나는 이 세상에서 가장 심오하고 진실한 소망을 위한 양식을 발견했다', '나는 이 길을 계속 갈 수 있다', '이 길은 자유로운 곳으로 뻗어 있다'와 같은 확신이 필요하다.

영성은 언제나 넓고 자유로운 곳으로 향한다. 옹졸한 마음과 불안, 믿음의 진리에 대한 권위적이고 폭력적인 요구는 영성이 부족한 결과이다. 영성은 경험이다. 우리는 영성을 통해 내적 자유를 경험한다. 우리가 비록 이 세상에 살고는 있지만, 이 세상의 주민이 아니라는 것도 경험하게 된다. 우리에게는 하느님의 씨앗이 있기 때문에 아무도 우리에게 폭력을 가할 수 없다는 것도 알게 된다. 영적 체험을 동경하는 인간은 이런 체험을 통해 직접 하느님을 만날 수 있고, 진정한 위엄을 얻게 된다. 내 안에서 하느님의 삶이 흐를 때 나는 비로소 인간이 되기 때문이다. 이런 비밀과의 만남은 내 삶의 비밀로 이어진다.

이때, 존재하는 그대로의 모습이 허용된다는 체험이 중요하다. 다음으로 중요한 것은 이 약점을 다루는 방법에 대해 묻는 용기이다. 마지막으로 중요한 것은 인생과의 화해이다.

영적인 삶은 중요하다. 영적인 삶은 다음 두 가지를 체험할 수 있는 길로 인도하기 때문이다. 즉 나 자신에게 이르러 나 자신을 초월한다는 것이다. 이 길은 자유와 생명으로 가는 길이다. 베네딕도 성인이 말했다. "영적인 길은 넓은 마음으로 이어진다." 넓은 마음이야말로 진정한 영성의 증거이다.

좁은 곳도 넓어질 수 있다

어느 날 갑자기 넓은 세상에 대한 동경에 사로잡힌 어느 수도승 이야기
이다. 그는 수도원의 좁은 담장 안에서 똑같은 생활을 반복하는 답답함
에서 벗어나고 싶었다. 그래서 석 달간의 휴가를 얻어 대도시로 나갔다.
세상 구경을 하고 돌아온 그를 호기심에 찬 형제들이 에워쌌다. "뭘 보
았습니까?"

형제들도 수도원의 엄격한 규칙을 깬 이 용기 있는 수도승과 똑같은
동경을 품고 있었던 게 틀림없었다. 형제들은 그의 경험을 나누어 갖고
싶었다. 그의 경험담을 들으면서 넓은 세상을 느끼고 싶었던 것이다.

수도승은 대답했다. "많은 것을 보았습니다. 나에게 필요 없는 많은
것을 보았습니다."

그는 세상의 많은 것들이 자신의 동경을 충족시켜 주지 못한다는 사
실을 경험했다. 세상 구경을 하고 싶다는 소망이 충족된 그에게는 다른
것, 즉 고유하고 본질적인 것에 대한 동경이 활짝 열렸다.

간절히 원하는 한 가지 소망이 이루어지고 난 뒤에야, 우리는 그보다
더 심오한 동경이 있다는 것을 깨닫게 된다.

평생 다른 세계를 꿈꾸면서도, 그 방향으로 단 한 발자국도 나가지 못
하는 사람들이 있다. 그들은 다른 세계를 꿈꾸느라, 가진 에너지를 다
소진해 버린다. 그래서 경우에 따라서는 일단 이 꿈을 이룰 필요가 있
다. 꿈을 이루고 나면, 그제서야 비로소 자신을 제대로 인식하게 되기

때문이다. 욕구가 일단 충족되고 난 후에야 비로소 그 만족이 그리 오래 지속되지 않음을 깨닫게 되는 것이다. 모든 욕망을 다 채울 수도 있겠지만 그래도 동경은 남는다.

앞의 이야기에 나오는 수도승은 이것을 경험했다. 그는 세상을 보고 싶은 욕구를 채웠지만 본질적인 것에 이르고 싶은 동경은 충족되지 않았다. 오히려 동경은 더 커졌고 그를 다시 비좁은 수도원으로 돌려보냈다. 넓은 세상이 넓은 마음을 만드는 것은 아님을 그는 알게 된 것이다. 동경을 통해서 마음이 넓어진다면, 좁은 수도원에서도 넓은 마음을 유지할 수 있다.

무한한 것의 광채

아일랜드 시인 존 오도노휴가 영혼의 초월적인 힘에 대해 인상적인 말을 했다. "우리가 소유한 것 가운데 가장 아름다운 것은 동경이다. 이 내적인 영혼의 힘은 영성적 본성을 지니고 있고, 훌륭한 깊이와 지혜를 소유하고 있다."

오도노휴는 인간을 치유하고 위엄을 주는 것이 동경이라고 말한다. 동경은 인간을 치유한다. 동경은 인간을 이 세상의 폭력으로부터 보호해 준다. 동경은 인간에게 성스러움과 순수함을 부여한다. 그리스철학에 의하면 성스러움만이 치유의 능력을 지닌다. 자신의 동경을 억압하는 인간은 병에 걸린다. 건강해지기 위해서 인간에게는 동경 그 자체가 필요하다.

그러나 이 아일랜드 시인은, 우리 밖에 있는 신성을 동경할 필요는 없다고 말한다. 신성은 우리 안에도 있기 때문이다. 신비주의에서는 예수가 우리 안에 있다고 말한다. 동경의 시위를 지나치게 팽팽하게 당겨서 멀리 불특정한 것만을 향하게 한다면, 우리의 영혼은 몹시 긴장하게 된다. 그러면 동경은 목적을 발견하지도 못하고 자멸해 버릴 위험에 처한다. 동경은 냉소적이고 공허해진다.

동경에는 목적이 있어야 한다. 이 목적은 우리 안에 있는 동시에 우리 위에 있다. 이 목적은 우리 안에 사는 동시에 우리를 초월하는, 그리고 우리를 존재의 본디 비밀로 인도하는 하느님이다. 이것은 유일한 현실이다. 즉 사랑의 동경은 인간 사이의 구체적인 사랑의 완성을 목적으로 한다. 그러나 이 구체적인 사랑에는 모든 것을 아우르는, 더 큰 사랑에 대한 동경이 함께 숨겨져 있다는 것이다.

모든 것을 초월하는 사랑은 인간적인 사랑 안에 있다. 하지만 모습을 드러내지는 않는다. 인간적인 사랑은 매력적이긴 하지만 파편적이고 제한적이다. 그렇지만 (때로는 행복을, 때로는 실망을 안겨 주는) 인간적인 사랑에는 우리가 동경하는 무한한 사랑이 빛나고 있다.

세상과 동떨어지지 않은 것

세계를 거대한 단일체로 보는 위대한 사상가들 가운데 니콜라우스 쿠사
누스가 있다. 우리는 감히 그를 용기 있는 사상가였다고 말할 수 있다.
그는 새로운 시대를 여는 사상을 펼치며 현대 사상의 출발선에 섰던 철
학자이자 동시에 신비주의자였다. 니콜라우스는 교회로부터 형을 선고
받은 세 명의 신비주의자 즉 스코투스 에리우게나, 마이스터 에크하르
트, 라몬 룰의 저서를 수집했다. 니콜라우스는 이들에게 내려진 선고를
'사려 깊지 못한 견해'와 '통찰 부족' 탓으로 여겼다. 니콜라우스는 자신
의 동경을 믿었다. 그의 동경은 모든 개념과 비유들을 뛰어넘어 하느님
의 무한함에 이르는 것이었다. 니콜라우스는 자신을 동경에 맡기고, 그
시대의 좁은 관념으로부터 벗어날 수 있었다. "하느님, 당신은 제가 동
경하는 무한함 그 자체이십니다." 이것은 우리가 익히 알고 있는 그의
짧은 기도문이다.

　위대한 사상가 니콜라우스는 무지한 교리들docta ignorantia 틈바구니에
서 관념을 초월하는 것, 즉 대립이 일치하는coincidentia oppositorum 절대적
인 위대함을 찾고자 노력했다. 그는 이성으로 이해할 수 없는 무한한 하
느님과 하나가 되고 싶었고, 현실의 지식들을 뛰어넘고 싶었고, '무지의
어둠 속에' 있는 자신을 넘어서고 싶었고, 감추어진 하느님과 하나가 되
고 싶었다. 그런 다음에야 비로소 완전한 자기 자신이 될 수 있다고 생
각했다. 하느님과 하나가 될 때 비로소 자신의 모순도 받아들일 수 있음

을 체험했다. 숨어 있는 하느님은 그와 하나가 되어 말씀하신다. "너 자신이 되어라. 그러면 너는 내가 될 것이다."

니콜라우스 쿠사누스는 자신의 동경을 통해서 새로운 세계관에 눈뜨게 되었다. 세상에는 다양한 현실들, 즉 다른 종교와 문화가 있다는 것을 인정하게 되었다.

그는 코란을 연구하고 성경과의 공통점을 찾아내면서 종교와 시대 상황의 울타리를 뛰어넘었다. 뿐만 아니라 지금까지도 유익한 대화의 새로운 지평을 열었다. 터키인들이 콘스탄티노플을 정복하고 유럽으로 밀고 올라오는, 정치적으로 아주 불안했던 시대에 그는 동지와 적을 구분하지 않고 오히려 서로의 차이를 인정하고 융합하기를 바랐다.

이러한 개방성과 넓은 마음은 자연에 대한 인식에서도 나타났다. 니콜라우스 쿠사누스는 전통적인 지식을 수학적인 인식과 천문학적인 관찰에 연결시켰다. 그는 지구 중심적인 좁은 우주관을 극복했다. 그리고 서구사회에서는 처음으로 지구가 네모가 아니라는 것, 지구가 모든 것의 움직이지 않는 중심이 아니라 태양 주위를 돌고 있다는 사실을 알렸다. 코페르니쿠스, 케플러 그리고 지오르다노 브루노가 이 무한한 우주관을 이어받았다.

니콜라우스 쿠사누스는 동경이 이 세상과 동떨어진 것이 아니라고 가르친다. 동경은 마음을 넓게 해 주고, 보다 큰 현실 즉 무한한 하느님에게 향하게 한다. 동경은 이성도 넓게 해 준다. 넓어진 이성은 좁은 시야를 벗어버린다. 다양성을 인정하고, 다양한 자연 현상에 나타나는 유일한 하느님의 위대함을 인식한다.

신앙인이자 학자인 니콜라우스 쿠사누스의 생각과 행동에는 시대를 뛰어넘어 언제나 배울 만한 것이 있다. 즉 있는 그대로의 세계에 만족해서는 안 된다는 것이다. 동경을 품은 사람은 도전해야 한다. 그래야만 한계를 뛰어넘어 보다 넓은 곳에 이를 수 있다.

파악할 수 없는 것

나에게 강한 인상을 준 신학자 칼 라너는 인간을 하느님을 암시하는 존재로 이해한다. 라너는 "인간의 가장 심오한 본성은 동경"이라고 말한다. 인간은 동경을 통해 현존하는 것을 뛰어넘어 하느님의 넓은 지평에 닿는다. 인간은 다른 사람을 만날 때마다 그들 안에서 본연의 '그분'을 발견한다.

칼 라너에 따르면, 인간은 하느님 없이 생각할 수 없다. 인간은 자유, 사랑, 인식, 죽음을 경험하면서 자신을 뛰어넘어 신비한 현실로 들어가기 때문이다. 그래서 이 신학자에게 인간의 가장 깊은 본성은 동경인 것이다. 완전한 인간이 되기 위해서는 하느님이 필요하다. 인간은 하느님에 대한 동경으로 가득 차 있다. 하느님 없이는 자신의 인간 존재를 이해할 수 없기 때문이다.

칼 라너 자신의 파악할 수 없는 하느님에 대한 동경은 충족되었다. 그러나 신학자는 교회의 편협한 교리 때문에 계속 괴로웠다. 그는 자신의 경험을 신학으로 명료하게 체계화하고자 노력했지만 실패했다. 사람들이 비밀을 이해할 수 있도록 표현하고 싶었지만 어려웠다.

30년 전 나는 박사학위 논문의 주제를 칼 라너의 교의학으로 정했다. 당시 나는 그때까지 저술한 라너의 글을 모두 읽었다. 한 번은 그를 방문해서 오후 내내 그의 신학에 대해 토론한 적도 있었다. 그때 나는 이 위대한 구도자의 단순함과 진지함에 감동받았다. 그리고 라너의 신학이 새로운 개념의 학문적인 논거論據 그 이상임을 느꼈다. 라너의 신학은 파악할 수 없는 하느님에 대한 동경을 글로 표현하는 노력이었다. 자기 자신과 능력 부족 때문에 괴로울 때, 이해받지 못해 외로움을 느낄 때 오히려 라너는, 버림받고 고독한 십자가상에서 사랑으로 나타나신 하느님을 더욱더 강렬하게 동경하였다. 결국 중요한 것은, 하느님의 무한한 사랑의 비밀 안으로 들어가고, 때로는 어둡고 붙잡을 수 없는 하느님에게 항복하고, 하느님에게 헌신하는 것이라고 한다. 이것이 라너의 가장 심오한 동경이었다.

나는 이 동경을 이해할 수 있다. 나 역시 하느님과 인간의 관계에 대해 정확하게 쓰기 위해 끊임없이 노력하고 있지만 항상 무능함을 느끼기 때문이다. 그래서 나도 칼 라너처럼 내가 늘 더듬거리며 말할 수밖에 없는 이 하느님을 경험하게 되기를, 사랑에 항복하고 하느님과 하나되기를 간절히 바라고 있다.

불을 붙이다

"불을 붙여야 한다. 비용이 들지도 모른다. 어떤 대가를 치르더라도 우리 자신 안에서 동경과 '위대한 완성'에 대한 희망을 새롭게 해야 한다."

프랑스의 예수회 회원이며 자연과학자인 떼이야르 드 샤르댕의 말이다. 어떤 영적인 열정이 그를 자극했음을 미루어 짐작할 수 있다. 샤르댕은 물질 연구와 동시에 하느님에 대한 열정적인 사랑에 빠졌다. 그는 위대한 완성을 마음에서 경험하고 싶었다. 그는 연구 대상을 그저 물질로만 여기지는 않았다. 이 세계적인 고생물학자에게 자연은 하느님의 정신과 사랑으로 가득했다. 그에게 진화는 점점 '사랑화'로 옮겨 가는 과정이다. 다시 말해서 예수 그리스도의 사랑이 세상을 관통하고 있는 것이다. 예수 안에서 하느님의 사랑이 살(육신)이 되었고, 그 사랑이 세상을 근본적으로 변화시키고자 한다.

샤르댕은 동경의 불꽃을 피우라고 말한다. 이 동경의 불꽃은 세상의 비밀을 규명해 주고, 도처에서 하느님의 비밀을 발견할 수 있도록 인도해 준다. 이 세상에 대한 사랑과 진화를 이해한 과학자는 예수의 다시 오심을 예고하는 종말론적 복음을 새로운 방식으로 해석했다. 즉 모든 진보는 오메가요, 초월적 중심을 향해 간다는 것이다.

샤르댕을 자극했던 동경은 세상 도피가 아니었다. 오히려 동경이 그를 물질의 중심으로 더 깊이 데리고 들어갔다. 그는 그리스도교로부터 등을 돌린 많은 사람들에게 자신이 '희망의 인물'이 되기를 바랐다. 그들의 동경이 세상 도피를 의미해서는 안 되는 이유를 그는 증명해 보일 수 있었다. 동경에는 세상에 대한 새로운 사랑, 즉 물질에 대한 열정적인 사랑이 담겨 있다는 것도 보여 줄 수 있었다. 세상의 물질에는 아드님의 몸으로 현현하신 하느님의 사랑이 있기 때문이다.

받을 수 없다

성경은 동경으로 이루어져 있다. '비판 이론'과 프랑크푸르트학파의 창시자 막스 호르크하이머는 철학자로서 신학에 접근한 이유를 유대인이라는 자신의 뿌리에서 찾았다. 그는 신학을 하느님을 다루는 학문이 아니라 '살인자가 죄 없는 희생자를 이기고 승리하지 않기를 바라는 마음'으로 이해했다. 그가 생각한 종교에는 이 세상에서 해야 할 본질적인 숙제가 있다. 종교는 "인간이 유한한 존재라는 것, 고통받아야 하고 죽어야 한다는 것을 의식하게 해 주어야 한다. 반면에 고통과 죽음 위에 동경이 있다는 것도 깨닫게 해 주어야 한다. 세속적인 현존이 절대적이거나 최종적이지 않다는 것을 의식하게 해 주어야 한다".

호르크하이머는 전혀 다른 동경을 이야기한다. 이제 더 이상 하느님 자체를 상상할 수 없다. 유대인인 그는 구약성경의 계명을 따른다. 즉 인간은 하느님의 형상을 만들어서는 안 된다는 것이다. "하느님의 형상을 서술할 수는 없지만, 바로 이 불가함이 동경의 대상이다."

종교의 과제는 완전히 다른 것에 대한 동경을 잊지 않게 하는 것이다. 동경은 구체적인 표현을 원한다. 교회나 시너고그(유대교 회당)에서 예배를 올리는 종교인은 하느님의 계명을 따르며, 완전히 다른 것에 대한 동경을 생생하게 유지한다. 그래서 호르크하이머는 종교가 세속적인 규범에 지나치게 적응하는 것에 대해 회의적이다. "종교를 포기하지 않기 위해서는 종교가 세속화되는 것을 막아야 한다." 종교에는 어느 정도 폐쇄성이 필요하다. 이 폐쇄성이 사회에서 완전히 다른 것에 대한 동경을 깨어 있게 유지하기 때문이다.

완전히 다른 것에 대한 동경은 현실도피가 아니다. 호르크하이머에게 그것은 "완전한 정의에 대한 동경이다. 이런 정의는 세속의 사회에서는 결코 실현될 수 없다". 완전한 정의에 대한 동경으로서의 종교는 이 세상에서 자라나는 가시다. 그러나 동시에 종교는 이 세상에서 절대적인 정의를 실현하려는 그 어떤 시도도 비판한다.

호르크하이머에게 동경이 없는 사랑이란 없다. 동경은 사랑을 활기차게 유지해 준다. "사랑은 동경 안에, 사랑하는 사람에 대한 동경 안에 자리 잡는다. 사랑의 결과는 중요하지 않다. 사랑하는 사람과의 합일에 대한 동경이 크면 클수록 사랑은 더 커진다." 이렇게 사랑을 이해한 호르크하이머는 교황 바오로 6세의 *Humanae Vitae*(「인간 생명」) 즉 산아 조절에 관한 회칙을 변호했다. 반론이 만만치 않았던 교서를 옹호한 위대한 노철학자는 추종자를 많이 잃었다. 그러나 호르크하이머는 비판이론가, 철학자의 의무를 "진보의 대가를 지불해야 하되 그 대가는 동경의 상실이 가속화되는 것이고, 결국은 사랑의 죽음"이라는 점을 분명하게 인식시키는 것이라고 생각했다. 동경이 없다면 "사랑은 그 토대를 잃고 만다"는 것이 그의 신념이었던 것이다.

종교의 과제는 완전히 다른 것에 대한 동경을 깨어 있게 유지하는 것이다. 이것은 사회적인 파급 효과를 내고, 개인적인 삶에도 영향을 미친다. 비록 구닥다리라는 평을 듣는 한이 있어도, 종교는 시대 정신과 완전히 일치해서는 안 된다. 종교의 비판적 기능을 잃게 되기 때문이다. 하느님이 어떤 분인지 알고 있다는 듯 행동해서도 안 된다. 오히려 이 세상에서는 하느님을 볼 수도, 붙잡을 수도 없다는 것을 증명해 주면서, 인간의 동경에 말을 걸어야 한다. 호르크하이머는 완전히 다른 것에 대한 동경과 영원성에 대한 동경을 세속화하는 것에 반대한다. 그것은 종교의 종말을 의미하는 것이기 때문이다.

결국 우리는 위대한 그리스도교 사상가들이 동경을 어떻게 생각했는지 알게 되었다. 즉 동경은 이 세상이 취급할 수 없는 것이다. 동경은 사회로부터 구할 수 있는 것이 아니다. 동경은 이 세상을 넘어서기 때문이다. 초월적이어야 하고 이 세상을 뛰어넘어야 한다. 동경의 고향은 완전히 다른 것 안에 있어야 한다. 그러나 완전한 사랑, 완전한 정의, 절대 고향을 동경하면 이 세상의 지배를 받지 않고 살 수 있다. 이 세상은 우리에게 자리를 내주고, 사회적·경제적 개선에 참여하게 한다. 그러나 이 세상과는 비판적인 거리를 유지해야 한다. 완전히 다른 것을 동경한다는 것은 정치적인 이데올로기와 절대적인 이념의 베일을 벗겨내는 자극이다. 동시에 사회적 현상을 뛰어넘어 멀리 바라봄으로써 이 세상을 보다 인간적으로 만들 수 있는 자극이다.

동경이 이 세상에서 작용할 수 있는 충분한 힘을 얻으려면, 세상사로부터 벗어나 있는 영역이 필요하다. 동경은 종교적인 영역 즉 숭배, 종교 의례, 계명 완수에서 모습을 드러내야 한다. 그런 다음에야 비로소 표현할 수 없는 것, 유대인 철학자 에른스트 블로흐가 '아직은 없는 것' Not-Yet이라 표현한 것, 한마디로 유토피아를 활짝 열게 될 것이다.

동경의 기도

하느님을 직접 경험할 수는 없지만, 동경을 통해 마음으로 느낄 수 있다. 그리스도교 전통에 의하면, 동경할 때 영적인 길이 열린다. 아우구스티누스는 동경을, 가장 은밀한 곳에 '고정되어 있는' 영혼에 하느님이 던져 놓은 돛과 같은 것이라 한다.

요즈음 기도를 할 수 없다고 괴로워하는 사람들이 많다. 그런 사람들은 하느님이 기도에 응답하지 않을까 봐 두려워한다. 나는 기도의 효능을 의심하는 사람들에게 확신을 주려고 노력하지는 않는다. 하느님의 응답을 신학적으로 설명하는 것도 포기한다. 그러한 노력들이 아무런 도움이 되지 않기 때문이다. 오히려 그들에게 기도하지 말라고 충고한다. 대신 그냥 조용히 앉아서 가슴에 손을 얹고, 내면의 동경을 느껴 보라고 한다. 그것이 이미 기도다. 동경이야말로 진정한 기도이기 때문이다. 동경하는 영혼은 하느님에게로 쭉 뻗어 나간다. 기도란 복을 구하거나 감사드리는 것뿐만 아니라, 나를 하느님에게로 쭉 뻗는 것, 즉 내 마음을 사랑과 정신으로 채워 줄 수 있는 하느님을 동경하는 것이다.

치유하시고 사랑하시는 하느님을 동경을 통해 느낀다면, 기도는 이미 이루어진 것이다. 나에게 상처를 준 사람들로부터 해방된다. 내 마음에 평화가 깃든다. 치유받아 온전해진 나 자신을 만나게 된다. 더 이상 불안하지 않다. 나는 하느님에게로 인도되어, 기도의 의미 즉 하느님과 하나가 되고 하느님 안에서 평화와 치유, 자유와 사랑을 경험하게 된다.

영혼의 꿈

“영혼을 나눈다는 것은 불가능하다. 영혼의 꿈은 친밀하고도 은밀하다. 그래서 영혼으로부터 거부당하거나 버림받으면 우리는 깊은 상처를 입는다.”

아일랜드 시인 존 오도노휴의 말이다. 사회학자들은 소속감에 대한 동경을 현대 젊은이들의 전형적인 성향이라 정의한다. 젊은이들에게는 어떤 단체에 소속되어 있다는 것이 중요하다. 그렇지 않으면 자신이 버림받고 소외당했으며, 무가치한 존재라고 느낀다. 존 오도노휴는 소속감에 대한 동경은 현대 젊은이들의 전형적인 성향일 뿐만 아니라, 인간 내면 깊숙이 뿌리 박혀 그 본질적인 핵을 결정한다고 했다. 시인은 소속감을 원하는 강렬한 동경의 원인을 영혼의 본성으로 해석할 뿐만 아니라, 인간은 세상에 나오기 이전에 이미 어딘가에 절대적으로 소속된 적이 있었으리라 추측한다.

“우리는 우리의 존재를 이미 알고 있는 다른 곳에서 왔다. 그러므로 우리는 마음 안에 잠들어 있는 것들을 인식하게 되기를 간절히 바란다. 이러한 동경은 인간적인 모습을 띤 신적인 동경이다.”

오도노휴의 인식은 그리스 철학자 플라톤에게서 왔다. 플라톤은 인간이 태어날 때 인간의 몸으로 들어온 영혼은 본디 신의 것이라고 한다. 그리스도교 철학자들은 플라톤의 이념을 계승하여 그리스도교의 것으로 만들었다. 인간은 하느님의 말씀이다. 하느님의 본디 말씀, 즉 로고스는 예수 그리스도로 나타난다. 하느님은 개개인에게 각기 고유한 방식으로 말씀하셨다. 하느님의 말씀은 우리 안에서 살(육신)이 되었다. 살은 말씀의 주인을 동경한다. 영혼은 하느님이 자신의 고향이라는 것을 예감한다.

그러므로 소속에 대한 바람은 영혼의 표현이고, 하느님의 보호를 그리워하는 향수의 표현인 것이다. 성경은 이를 낙원의 이야기에서 비유적으로 표현했다. 인간은 본디 하느님의 정원인 낙원에서 살았다. 인간은 하느님과 친했고, 절대적인 보호와 사랑을 받았다. 인간이 원래 하느님에게 속한 존재이기를 간절히 바라는 것을 보면, 친밀과 소속에 대한 동경은 분명 인간 존재의 본질에 속한다. 이 동경은 성경에서 낙원, 말씀의 비유, 영혼의 이야기 등으로 표현된다. 그러므로 근원을 추구하는 동경은 신적인 동경이다. 우리는 '인간적인 형상으로 나타나는 신적인 동경'을 갈망하고 있는 것이다.

동경은 하느님이 영혼에 심어 놓은 흔적이다. 동경 안에서 우리는 신성한 불꽃을 느낀다. 그 순간 우리는 이미 하느님 곁에 있는 것이다.

전부보다 더 많은 것

"전부보다 더 많은 것도 있다."

이것은 본디 어린이 책 제목이었다. 도로테 죌레는 이 말을 하느님 체험에 비유했다. 이것은 오늘날 과소비 사회에서의 체험과 일맥상통한다 하겠다. 없는 것 없이 다 소유하고 있으면서도 만족하지 못하는 사람들이 있다. 인간에게는 보이는 것, 돈으로 살 수 있는 모든 것으로도 채워지지 않는 원초적 동경이 있다. 동경은 모든 것을 넘어 절대적이고 완전한 것으로 향한다. 동경의 목적지는 하느님이다. 원초적 동경은 그노시스(신비적 직관)에 살아 있다.

1세기경에 초대교회에 대항하여 널리 퍼진 그노시스파가 있었다. 그노시스는 영성적인 구도자의 마음을 움직였다. 그노시스는 깨달음, 하느님과 하나되기, 의식의 확장 그리고 진정한 자유를 동경했다. 우리 시대는 그노시스가 유행하던 시대와 비슷하다. 비의적秘義的인 것과 새로운 시대에 대해 많은 이야기들이 나돈다. 아직 세상에 알려지지 않은 비밀을 파악하려는 동경을 이야기하기도 한다. 새로운 시대에는 우리가 계속 진보할 것이고, 모든 피조물들과 함께 평화롭게 살 것이고, 신적인 비밀이 완전히 열릴 것이라고 한다.

인간의 동경이 비의적인 것으로부터 해답을 얻었다는 사실에 대해서는 비판을 가할 수 있다. 그러나 많은 구도자들을 비의적인 것에 빠지게 한 동경 그 자체에 문제를 제기해서는 안 된다. 동경은 진지했고 대답이 필요했던 것이다.

1세기경에 요한은 그노시스적 동경에 대한 답을 복음서에 담았다. 요한은 그노시스에 담긴 깊은 영성을 진지하게 받아들여, 그 원래 목적을 예수의 사명에 담긴 영성으로 이어갔다. 하느님이 예수의 모습으로 나타나셨다. 예수에게서 진정한 광채가 빛난다. 우리는 깨달음을 얻는다. 예수는 우리가 동경하는 진정한 삶이다. 예수는 진리 그 자체이다. 예수는 모든 것에 드리워진 베일을 벗긴다. 예수는 원래의 것, 허상 뒤에 있는 것을 볼 수 있는 눈을 열어 준다. 예수는 동경의 궁극적인 목적인 하느님과의 합일로 우리를 인도한다.

내 마음 가장 깊은 곳

근본적인 의문은 결국 동일하다. 모두가 동경을 만나기 위함이다.

한 가지 길은, 삶을 직시하면서 욕망, 중독, 열정, 욕구, 소망, 희망 안에 숨겨진 동경을 찾는 것이다. 경험한 모든 것을 끝까지 생각하며, 그 근본에까지 이르는 것이 한 가지 가능성이다.

다른 길은 영적인 길 즉 기도를 통하는 것이다. 아우구스티누스는 기도의 과제를 동경에 불을 붙이는 것이라고 말한다. 주님의 기도를 외우며 "아버지의 나라가 오시며"라고 할 때, 구태여 하느님의 나라가 오게 해 달라고 간청할 필요가 없다. 우리 안에서 하느님 나라에 대한 동경의 불씨를 살리기만 하면 되기 때문이다. 아우구스티누스에게 시편은 동경의 노래이다. 시편의 노래를 부르면 우리 안에 있는 진정한 고향에 대한 동경이 자란다. 아우구스티누스는 시편의 노래를 방랑자의 노래와 비교한다. 그 시대에는 강도를 피하기 위해 밤에 여행했다. 그러나 강도 대신 어둠이 방랑자를 두렵게 했다. 방랑자들은 두려움을 극복하기 위해서 고향 노래를 불렀다. 마찬가지로 우리도 이 낯선 세상에서 어둠에 대한 불안을 극복하고 하느님에 대한 동경의 불씨를 살리기 위해서 주님의 기도를 바친다.

아우구스티누스에게 기도의 최고 형식은 노래다. 그는 이를 신학으로 발전시키기도 했다. "Cantare amantis est(노래는 사랑하는 사람의 몫이다)." 사랑하는 사람만이 노래를 부를 수 있다. 노래는 우리를 내면, 즉 '내 마음의 가장 깊은 곳으로' 데려간다. 바이올린과 첼로의 소리를 들으면서 우리는 고향을 느끼고, 온전해지고 치유되는 내적인 공간에 이를 수 있다. 내적인 공간에서 자기 자신에 도달하고 고향을 느끼는 사람에게는, 자신 밖에 있는 낙원을 찾는 동경이 필요 없다. 이 세상을 뛰어넘는 동시에 이 세상의 혼잡함 속에서 살 수 있게 하는 무엇인가를 느낄 수 있기 때문이다.

기도를 통해 동경을 만나면 억압을 극복할 수 있다. 신앙이 두터운 그리스도인들은 중독에서 벗어날 수 있게 해 달라고 하느님께 기도한다. 가능한 한 고통 없이 수동적으로 살 수 있게 도와달라고 기도한다. 하느님은 온갖 문제를 해결하는 '큰' 어머니여야 한다. 그러나 이런 식으로는 결코 중독으로부터 벗어날 수 없다. 그들은 모든 것을 어머니가 해결해 주기를 기대하는 어린아이로 남을 뿐이다.

기도의 첫걸음은 우리의 중독을 하느님에게 맡기고 자유로워지는 것이다.

기도의 두 번째 걸음은 기도를 통해 동경의 불씨를 당기는 것이다.

기도의 세 번째 걸음은 기도를 통해 하느님이 살아 계신 내적 고요의 공간을 발견하는 것이다. 하느님이 살아 계시는 그곳에서 우리는 완전한 나 자신이 된다. 그곳에서 진정한 자아를 만나고, 나 자신 곁에서 살게 된다. 우리는 마침내 우리 자신 곁에서 고향을 느낀다.

결핍 경험하기

동경이 없으면 종교도, 신앙도, 영성도 없다. 이 자명한 이치는 결핍이라는 부정적인 경험에서 나왔다. 도로테 죌레는 이를 다음과 같이 표현했다. "무엇이 부족하거나 확신이 서지 않을 때는 늘 종교적 욕구가 생기게 되는데, 그것은 인생의 포괄적인 의미가 분명하게 드러나지 않고 더욱이 정의할 수도 없기 때문이다. 다시 말해서 의심이 생기고 동경이 충족되지 않을 때 종교를 체험하게 된다는 것이다. 이 아픔은 종교라는 대가를 치르고 치유될 수 있다."

여성 신학자 도로테 죌레에게 충족되지 않은 동경은 본질적으로 종교에 속한다. 종교가 나를 하느님과 연결시켜 준다는 것이다. 그러나 하느님은 법이나 도덕적인 의무처럼 한정적이지 않다. 하느님은 모든 생각과 이해를 초월한다. 종교는 파악할 수 없는 것, 인식 저편에 있는 것 그리고 붙잡을 수 없는 것에 매달리게 한다.

종교는 늘 결핍과 어느 정도 관련이 있다. 인간은 자신이 부족함을 절감한다. 인간은 하느님이 아니다. 인간은 자신의 운명을 마음대로 다루지 못한다. 건강만이 오직 인간의 손에 달려 있을 뿐이다. 수명을 정할 수는 없다. 행복조차도 스스로 만들어내지 못한다. 인간은 더 큰 것, 즉 생명과 행복의 근원에 의존하고 있는 자기 자신을 느낀다. 그러고는 직접 조종할 수 없고 마음대로 사용할 수 없는 것에 의존해 있는 자기 자신에게 연민을 느끼며 괴로워한다. 그러나 이 결핍을 고백하면서 인간은 종교, 신앙, 영성을 이해하게 된다.

인간은 종종 하느님을 경험할 수 있다. 하느님과 하나이고, 자기 자신과 하나임을 느낀다. 아빌라의 데레사와 함께 다음과 같이 외칠 수도 있을 것이다. "하느님 한 분이면 충분하다."

그러나 다음 순간 인간은 다시 분열되고, 하느님과 헤어졌다고 느낀다. 결핍을 느낀다. 그러면 오직 하느님과 하나가 되고 동경이 충족되었던 경험만이 남는다. 동경이 없다면 참된 종교적 경험은 없다. 하느님은 항상 완전히 다른 것, 보다 큰 존재이기 때문이다. 하느님 체험은 언제나 완전히 하느님과 하나가 되고, 하느님 안에서 삶의 충만을 느끼고 싶은 동경을 일깨워 준다.

영원의 흔적

"주여, 모든 동경이 당신 앞에 있고, 내 탄식이 당신에게 감추어지지 않았나이다"(시편 38,10).

동경과 탄식은 하나다. 동경은 아픔과 결합되어 있다. 시편 저자가 경험한 고통은 동경이다. "내가 힘이 없고 완전히 지쳐, 나는 마음의 고통으로 신음하나이다"(시편 38,9). 시편 저자는 자신 때문에 괴로워하며 하느님을 동경한다. 병든 몸이 건강해지기를 바란다. 하느님이 도와주기를, 하느님이 다시 자애와 은총을 보여 주기를 간절히 바란다. 자신에게 병의 화살을 쏜 사악한 분으로 하느님을 생각한다. 그러면서도 하느님이 자신을 불쌍히 여겨 다시 일으켜 세워 줄 것이라 믿는다. 이 믿음이 바로 시편 저자의 심오한 동경이다.

아우구스티누스는 이를 기도와 동경의 관계를 보여 주는 것으로 여겼다. 동경을 기도로 인식하는 계기로 받아들였던 것이다. 아우구스티누스는 초대교회가 동경하는 기도에 대해 이야기한다. "끊임없는 내적 기도가 있는데, 그것이 동경이다. 하느님 나라를 갈망한다면 기도 말고 달리 무엇이 있겠는가? 쉼 없이 기도하고 싶거든 동경을 멈추지 마라. 쉼 없는 동경이 쉼 없는 기도다."

아우구스티누스가 『고백록』에서 말한 화살에 뚫린 마음은 바로 이것을 표현한 것이다. "당신은 우리 마음에 사랑의 화살을 꽂았습니다. 우리는 가슴에 꽂힌 화살처럼 당신의 말씀을 품고 있습니다."

아우구스티누스가 해석한 하느님 말씀은 객관적으로 명상할 수 있는 외적인 것이 아니다. 하느님의 사랑(의 화살)을 맞은 아우구스티누스는 사랑의 상처를 입은 마음으로, 즉 차가운 이성이 아니라 사랑의 언어로 하느님에 대해 이야기한다. 이것이 신적인 사랑의 아름다움에 답하는 그의 언어가 아름다운 이유다.

아름다움, 감미로움, 사랑의 감각을 발산하며 타오르는 종교적인 언어만이 스스로 빛을 발하며 인간의 마음에 도달할 수 있다. 요즈음도 마찬가지다. 오직 사랑의 화살을 맞은 마음, 즉 동경에서만 새로움이 싹튼다. 동경의 노래를 부르면 우리 마음에 진정한 안정, 고향 그리고 보호를 선사하는 동경이 자란다.

기다림은 마음을 넓게 한다

기다림도 영적일 수 있다. 독일어 '기다리다'warten는 본디 '망루에 서다'라는 뜻이다. 망루란 관망하는 장소, 경비 탑이다. 그래서 '기다리다'란 '누가 오는지 망을 보다', '무슨 일이 생기는지 주변을 살펴보다'라는 의미가 된다. 그러나 '기다리다'란 또 '무엇인가에 주의를 기울이다' 또는 '감시자처럼 보살피다'라는 뜻이 될 수도 있다. 기다림은 두 가지 결과를 낳는다. 하나는 시선을 넓게 해 주는 것이고, 다른 하나는 자신의 경험과 자신이 만난 사람에게 집중하게 한다는 것이다. 기다림은 마음을 넓게 한다. 기다림을 통해 나는 나 혼자로 충분하지 않다는 것을 느낀다. 친구를 기다리고 있는 사람이라면 누구나 이를 인식한다. 친구가 올 시간이 되었는지 확인하려고 매 분마다 시계를 들여다본다. 친구가 기차에서 내리거나 초인종을 누르는 순간을 몹시 긴장하면서 기다린다. 만약 친구 대신 다른 사람이 문 앞에 서 있다면 얼마나 실망하겠는가.

기다림은 긴장을 만든다. 우리는 혼자로 충분하지 않다는 것을 느낀다. 기다리는 동안, 우리는 우리의 마음을 열어 더 높이 향하게 하는 분, 동경을 충족시켜 주는 분을 향해 몸을 뻗는다. 요즈음은 기다리지 못하는 사람들이 많다. 이를 대림시기에 묵상해 볼 수 있다. 대림시기는 이제 기다림의 시간이 아니라, 미리 맞이하는 성탄절이 되었다. 기다리는 마음으로 성탄의 신비를 바라보는 대신, 성탄절 축제를 성대하게 벌인다. 아이들은 어머니가 식탁 기도를 마칠 때까지 기다리지 못한다. 식탁에 음식이 차려지기가 바쁘게 먹어치운다. 초콜릿이 선물상자에 담겨질 때까지 기다리지 못한다. 값이 지불되기도 전에 초콜릿을 먹어치운다. 수퍼마켓 계산대나 기차표 창구 앞의 사람들도 기다리지 못한다. 앞으로 밀고 나간다. 여기에는 중요한 사실이 있다. 기다리지 못하는 사람은 결코 튼튼한 자아를 개발하지 못한다는 사실이다. 그런 사람은 욕구를 그 즉시 만족시켜야만 한다. 그는 욕구에 의존적인 사람이 된다.

기다림은 우리를 내적으로 자유롭게 한다. 욕구가 충족될 때까지 기다릴 수 있다면, 우리는 내면의 긴장도 견딜 수 있다. 그러면 마음이 넓어진다. 덤으로 삶이 진부하지 않다는 느낌까지도 선물 받는다. 신비로운 것을 기다릴 때 우리는 이를 경험한다. 다시 말해서, 가장 깊은 동경이 충족되기를 기다리고 있으면, 우리는 자신이 현존재의 무게 그 이상이라는 것을 인식하게 된다. 기다림은 우리가 근원적인 갈망을 충족시켜야 함을 보여 주는 것이다.

기다림은 건강한 긴장을 조성한다. 기다리는 사람은 지루함으로 시간을 죽이지 않는다. 한 가지 목표를 겨냥하고 있기 때문이다. 성탄절을 기다리는 아이들은 이것을 알고 있다. 아이들이 기다리는 것은 축제다. 어릴 적 성탄절 전날 밤, 얼마나 간절히 선물을 기다렸던가. 우리 형제들은 아버지와 함께 어둠 속을 산보하며, 집집마다 불이 켜져 있는 것을 보았다. 그런 다음 집으로 돌아와 성탄절 종이 울릴 때까지 위층 침실에서 기다려야만 했다. 촛불로 장식된 거실로 내려가는 것은 신비로운 경험이었다. 어린 시절의 경험은 영혼 깊이 새겨진다. 그래서 나중에 이러한 경험을 다시 하게 되면, 고향을 느끼게 된다. 모든 기다림에는 아마도 성탄절의 흔적이 담겨 있을지도 모른다. 그래서 누가 오거나 또는 어떤 사건이 생기면, 인생이 더욱더 밝아질지 모른다는 기대를 품고 있는지도 모른다.

순례자의 길

유대인 순례자들과 함께 예루살렘에 간 적이 있었다. 버스 안에서 안내자가 시편 122장 「다윗이 지은 순례자의 노래」를 외우며 기도했다. "'주님의 집으로 가세!' 사람들이 나에게 이를 제 나는 기뻤네." 그때 나는 신앙심 깊은 유대인들에게 예루살렘 성소가 지니는 의미를 알 수 있었다. 순례자들은 성지에서 기도하며 치유받기를 간절히 바랐다. 나는 시편 84장을 새로운 마음으로 읽게 되었다. "주님의 앞뜰을 그리워하며 이 몸은 여위어 갑니다. 살아 계신 하느님을 향하여 제 마음과 제 몸이 환성을 지릅니다."

매년 한 차례 예루살렘을 순례하는 것은 유대인들에게 신성한 의무 이상이다. 그들의 마음은 하느님 가까이에서 치유와 사랑을 경험하고 싶은 깊은 동경으로 타올랐다. 물론 유대인들도 어디에서든 하느님에게 기도할 수 있다는 것은 알고 있다. 하지만 성지는 하느님이 현존하는 특별한 장소다. 그들은 성지에서 예수가 행했던 기적들을 기억한다. 성소에서 예수를 느끼고 찬양하며 즐거운 제사에 참여하는 것이다.

시편의 저자는 주님의 집을 동경하느라 지친 영혼에 대해 이야기하는 것이 아니다. 그는 주님을 온몸으로 동경하고 있다. 그것은 고통스러운 동경이 아니다. 마음과 몸을 기쁨으로 환호하게 하는 동경이다. 이 동경은 순례자를 일으켜 세우고, 새로운 힘으로 채워 준다. 이 힘은 생명을 주시는, 살아 계시는 하느님의 강력한 힘이다.

기다림의 시간

대림시기에 부르는 노래들이 그토록 깊은 감동을 주는 이유는 무엇일까? 대림시기는 우리의 마음을 충족시켜 줄 수 있는 것을 손꼽아 기다리는 시기이다. 이때 부르는 노래에서는 이 소망을 사랑으로 표현한다.

이때의 동경은 근원적인 마음의 표현이다. 일상적이고 진부한 것을 뛰어넘어 고향과 보호 그리고 잃어버린 낙원이 동경의 목표가 된다. 이는 우리가 병약해서가 아니며 미성숙이나 퇴행도 아니다. 그와는 반대로, 우리가 내면에서 고향을 느끼고 사랑의 비밀인 하느님이 우리 안에 살고 있다면, 우리도 삶의 투쟁에 맞설 수 있다는 것을 보여 준다.

내가 동경을 의식하게 되면 평범한 나의 삶을 인정하고 헛된 환상에서 벗어날 수 있다. 그러면 세상 저편의 것, 즉 이 세상에서는 헛되고 소용없는 무언가를 만나게 된다. 이것은 내가 다른 사람에 대한 편견을 없애고 마음을 개방하게 해 준다. 나는 더 많은 것을 소유하려 들지 않게 되고, 사람들과의 만남을 즐길 수 있게 된다.

이런 동경은 유토피아에 아주 구체적으로 다가갈 수 있는 가능성을 보여 준다. 동경은 중세인을 자극하여 높은 성당을 짓도록 했다. 중세의 건축술은 천상의 공간을 만들려는 동경에서 나왔다. 음악 역시 동경을 통해 만들어진다. 음악은 하늘을 향한 창을 연다. 예술은 결국 영원한 것, 이전에 결코 존재하지 않았던 것의 전조前兆이고, 완전한 새로움에 대한 동경의 표현이다. 동경은 다른 세계에 무심하도록 우리 주변에 쌓아올린 벽을 무너뜨리는 힘을 지녔다. 동경은 좁은 세계의 문을 활짝 열어 준다. 동경은 우리의 지평을 넓혀 준다. 동경은 소름끼치는 삶도 외면하지 않는다. 동경은 아무런 의혹 없이 현실을 직시할 수 있는 희망의 길로 우리를 데려간다.

흙이 되다

나는 성탄 때 지인으로부터 편지 한 통을 받았다. 편지에는 유대인 시인 힐데 도민의 「동경」이라는 시가 적혀 있었다.

동경은
손가락 사이로 흙이
흐르게 한다
이 땅의 모든 흙은
바닥을 찾는다
인간이라는 식물을 위해 …

이 시에서는 하느님이 인간을 흙으로 빚은 창세기의 흔적이 보인다. 인간이라는 식물이 적당한 터전을 찾도록 손가락 사이로 흙을 흘려 보내는 동경이 있다. 인간이 성장하려면 흙만 가지고는 충분치 못하다. 흙과 혼합되어야 하는 영적 소재, 동경이 필요하다.

위의 시는 다양한 해석을 가능하게 한다. 성탄 편지에 이 시를 적어 보낸 지인은 이를 예수 탄생으로 해석했을 것이다. 하느님이 예수 탄생에 흙을 사용했다는 것이다. 예수는 살이 된다. 예수는 육신으로 태어났고 땅에 묻힌다. 예수 안에서 신적인 동경과 흙이 혼합되었다.

우리 안에서 흙의 속성을 받아들이고 사랑한다면, 그리고 동시에 인간들이 존재하는 지상에서 신적인 동경을 인지할 수 있다면, 우리는 진정한 인간이 될 수 있다. 진정한 인간이 되기 위해서는 흙과 동경이 필요하다. 동경이 없다면 흙은 현재 모습 그대로 머물게 된다. 흙이 없다면 동경은 너무나 가볍게 하늘의 날개 밑으로 도피하려 할 것이다. 존재의 흙이 동경의 손가락 사이로 흐를 때, 흙은 우리가 번성할 수 있는 터전을 제공해 준다.

별자리

별은 동경의 상징이다. 별은 밤에 빛을 내며 땅 위를 비춘다. 별은 희망과 우주적 합일의 상징이다. 예로부터 인간은 새벽 여명과 황혼의 빛에 감탄했다. 성탄 이야기는 이것을 인상적으로 들려준다. 동방박사들은 별을 보고, 별의 지시를 따랐다. 고대에는 경이로운 별자리를 메시아의 탄생으로 해석했다. 코란에서도 메시아의 탄생을 빛나는 별에 비유했다. "하늘에 있는 그의 별이 왕처럼 빛날 것이다."

교부들은 별에 대한 체험을 그리스도와 관련지었다. 별은 스스로 빛난다. 사랑의 언어는 성탄 사건을 예감하게 한다. 그날 밤하늘에 별 하나가 반짝였다. 그리스도가 사랑의 형상으로 어둠 속에 빛을 가져온다. 하늘의 별은 하늘에 계신 아버지를 상징한다. 아버지는 완전한 다름에 대한 동경의 비유이다. 그러나 하늘의 모습이 우리 안의 현실이기도 하다. 동경하는 우리는 마음의 지평선에서 떠오르는 별에 대해 이야기한다. 그러면 우리 마음은 일상을 넘어 진정한 고향을 느낄 수 있는 하느님의 세계로까지 나가게 된다. 다음은 앙겔루스 실레지우스의 시이다.

> 세상을 기쁨으로 가득 채우는
>
> 캄캄한 밤에 뜨는 샛별
>
> 나의 예수여,
>
> 오시어 내 마음을 비추어 주소서

예로부터 사람들은 동경을 별에 담았다. 별은 매혹적이다. 어릴 적 '반짝반짝 작은 별' 노래를 부르면서 우리는 하느님이 우리를 좋아하신다는 느낌을 받고, 별이 뜬 하늘 아래서 고향을 느낀다. 예수의 탄생을 예고했던 별을 생각하고, 성탄 트리나 창문에 별을 달 때도 똑같은 생각을 하게 된다. 예수가 탄생함으로써, 이 세상이 우리의 고향이 된 것이다. 똑같은 아침별과 저녁별이 반짝이기 때문에 우리는 어디에 있든지 고향을 느낀다. 성탄절은 우리에게, 다른 사람을 위해 밤을 밝히고 고향을 선물하는 별이 되는 기회를 제공한다.

사람들이 해석하는 별의 의미를 종합하면 다음과 같다. 반짝이는 사랑스러운 것이 밤으로 들어왔다. 별과 함께 희망이 싹튼다. 별은 길을 가리킨다. 별은 삶의 동반자이며 삶을 풍요롭게 해 준다. 성탄의 별은 시간을 초월하여 삶에 유효한 것을 말해 준다. 예로부터 인간은 아침별과 저녁별의 밝은 빛에 매료되었다. 우리는 지상의 인간일 뿐만 아니라 하늘의 인간이기도 하다. 그러므로 우리 안에는 하늘에서 내려와 우리의 심오한 동경을 채워 주는 별이 빛나고 있다.

동경은 밤에 자란다

수도승에게 밤은 성스러운 시간이다. 수도승은 매일 새벽 4시 40분에 일어난다. 아직 세상이 잠들어 있는 시각이다. 밤의 고요가 하느님을 경험하는 시간이 되기를 바라기 때문이다. 위대한 고요의 순간에 하느님은 우리와 대화를 한다. 이런 경험의 깊이를 볼 때, 종교에서 밤의 의미가 강조되는 것은 이상한 일이 아니다. 동경은 밤에 자란다. 성탄절과 부활절 밤에 그리스도인들은 예수를 기다린다. 물론 먼저 12월 25일에 연말 축제를 벌인 것은 이교도들이었다. 이교도들이 예수의 탄생을 이 날 밤으로 정했기 때문에, 그리스도인들은 성탄절이 낮을 예고한다는 상징을 새로이 만들었다. 당시에는 겨울밤을 사악하고 끔찍한 유령들의 밤이라 여겼음을 생각해 보면 이 상징은 더욱더 중요한 의미를 지니게 된다. 즉 낮의 귀환은 이 사악한 유령들에 대한 승리를 뜻한다.

그러나 성탄절의 상징은 훨씬 더 강력한 것을 의미한다. 하느님이 인간이 되면 빛이 생긴다는 것이다. 성탄절 밤의 경이로운 미사는 이를 노래한다. 즉 가장 위대한 고요의 순간에 하느님의 말씀이 지상에 내려오신다는 것이다. 부활절에도 밤과 빛의 상징이 중요한 역할을 한다. 공관복음 저자들은 예수의 죽음에 모든 피조물들이 반응하고 태양이 세 시간 동안 어두워졌다고 설명한다. 부활은 빛과 생명의 승리다. 예수는 죽었고, 무덤(밤)에 묻혔고, 부활했다. 이 모든 것이 한 순간에 일어났다. 요한에게는 죽은 예수가 변모한다는 것을 보여 주는 것이 중요했다. 빛과 생명은 인류의 두 가지 원초적인 동경이다. 두 번의 큰 그리스도교 축제인 성탄절과 부활절에 인류의 동경이 성취되는 희망의 축제가 벌어진다. 성탄절은 빛의 승리, 부활절은 생명의 승리를 상징한다. 성탄은 부활을 예고한다. 두 축제는 서로 연결되어 있다.

어두운 밤

밤은 심오한 경험의 공간이다. 예언자 이사야는 밤을 우리 안에 동경이 열리는 '장소'라 말한다. 이사야의 동경은 하느님에 대한 동경이다. "저의 영혼이 밤에 당신을 열망하며 저의 넋이 제 속에서 당신을 갈망합니다"(이사 26,9)라고 구약성경의 예언자는 기도한다.

꿈이 우리 안에서 높이 솟아오른다. 꿈에서 표현되는 동경은 다른 세상, 빛, 상처의 치유, 인생의 변화에 대한 동경이다. 우리가 밤에 잠들지 못할 때도 동경은 말씀으로 나타난다. 잠 못 이루는 사람이 동경하는 것은 잠이 아니다. 오히려 불면은 그에게 스스로 정직할 것을 요구한다. 나의 삶은 무엇인지, 현재 모습은 올바른 것인지 자문하라 한다.

깨어 있음은 생명의 비밀과 영혼이 쉬고 있는 존재의 뿌리에 대한 동경을 일깨운다. 평온한 밤에 일상과 이 세상을 초월하는 동경을 만나게 된다. 예언자 이사야에게 이런 일이 일어났던 것이다. 이사야는 하느님만이 그의 동경을 충족시켜 줄 수 있음을 안다. 그래서 그의 마음이 하느님에게로 향한다. 예언자는 밤을 두려워하지 않고, 이런저런 생각을 하느라 잠을 못 이루어도 두렵지 않다. 밤이 그의 동경에 날개를 달아 주고, 영혼과 정신이 하느님에 대한 동경으로 가득하다는 것을 알고 있기 때문이다. 밤은 신비의 시간이 된다.

예언자에게는 밤이 고난의 상징이다. 밤은 어둠 속에서 방향도 없이 헤매는 것을 뜻한다. 이사야는 우리를 에워싸고 있는 어둠에 대한 불안을 다음과 같이 표현한다. "우리가 빛을 바라건만 어둠만이 있고 광명을 바라건만 암흑 속을 걸을 뿐이다. 우리는 눈먼 이들처럼 담을 더듬는다. 눈이 없는 이들처럼 더듬는다"(이사 59,9-10). 이 밤은 우리의 마음을 틀어쥐고 있는 밤, 입구도 출구도 모르는 우울한 밤, 까만 심연에 앉아 있는 것 같은 밤이다.

우리는 이렇듯 어두운 밤에 빛을 갈망한다. 영혼, 육체, 정신 등 우리의 모든 것은 동경으로 가득하다. 우리 자체가 동경인 것이다. 이 동경만이 태양 빛을 다시 보게 되리라는 희망을 준다. 동경만이 우리를 살게 한다.

감각의 밤

나는 초기 그리스도교 사막교부들의 이야기와 금언들을 정신분석학적인 관점에서 읽기 시작하면서 밤의 심리학에 대해 많은 것을 이해했다. 사막에서 생활한 수도승들은 잠을 잘 자지 못했다. 심지어는 예수와 함께 깨어 있기 위해서 잠을 자지 않으려고 노력하기도 했다. 밤은 악마와 싸우는 사막과 같은 의미였다. 그리고 자유롭게 사막과 어둠 속으로 나갈 수만 있다면, 세상으로 빛을 가져갈 수 있을 거라고 믿었다.

사막교부들의 금언은 안토니우스, 포이멘 또는 그 밖의 은수자들이 빛에 둘러싸여 있었다고 보고한다. 기도하는 동안 예수의 현존이 아주 환하게 밝혀 주어 손가락이 불꽃이 되었을 정도라고 한다. 밤은 꿈의 시간이기도 하다. 하느님은 꿈속에서 말씀하신다. 하느님에 대한 일반적인 관념은 밤에 정화된다. 이러한 경험은 우리로 하여금 너무 가까이 있는 하느님 이미지와 헤어지게 한다. 이 하느님은 항상 우리의 말에 귀 기울일 준비를 하고 있고, 우리가 이기적인 목적으로 소유할 수 있었다.

어떤 식으로든 하느님의 이미지를 갖는다는 것은 좋은 일이긴 하다. 단, 우리가 배워야 할 것은 하느님의 현존은 이미지 저편에 있다는 것이다. 신비주의 문학은 이를 '감각의 밤'이라는 개념을 이용하여 표현했다. 이 개념은 다음과 같은 의미를 담고 있다. 신앙심이 부족하거나, 또는 감정이 메마르고 무감각해져서 하느님의 현존을 감각적으로 경험하지

못할 수도 있다. 그러나 감각적인 경험을 할 수 있는 때가 오리라는 희
망을 가지고 계속 기도한다면 분명히 가능해진다는 것이다. 이것은 정
신의 사막에서도 하느님을 발견할 수 있다는 확신이다.

메마른 사막을 뚫고

"동경과 의심이 한 쌍을 이루는 곳에 신비주의가 있다."

프리드리히 니체의 유작에서 이 문장을 읽었을 때, 나는 감동을 받았다. 나는 니체를 신의 죽음과 초인을 주장한 철학자로 알고 있었다. 그래서 처음에 이 문장을 어떻게 이해해야 할지를 몰랐다. 지금도 제대로 이해했는지는 확실치 않다. 그러나 이 문장이 나를 자극하여 그 의미를 연구하도록 한 것은 확실하다.

니체는 분명히 동경과 의심, 두 가지를 모두 경험했을 것이다. 그는 신교 목사인 아버지에게서 들은 그리스도교 복음에 만족하지 않았다. 그리스도교가 인간의 활기를 억압하는 약자의 종교로 여겨졌다. 니체는 병을 앓으면서 자신은 한 번도 경험하지 못했던 충만한 삶을 동경했다. 자기 자신과 이 세상 그리고 그리스도교 복음과 같은 종교적 위선 때문에 괴로웠다. 힘, 활기, 삶의 쾌락 그리고 자유를 갈망했다. 니체의 종교 비판적인 저술들은 익히 알려져 있다. 하지만 니체의 저술에서는 끊임없이 삶의 비밀을 찾도록 자극했던 신비주의적인 내용도 읽을 수 있다.

나에게 신비주의란 하느님을 경험하는 길이다. 신비주의자는 하느님에 대해 듣고 이야기하는 것에 만족하지 않는다. 하느님을 느끼고 만지고 경험하고자 한다. 사랑의 환희 속에서 하느님과 하나가 되고자 한다. 니체의 독특한 언어는 이렇게 신비주의적인 울림을 담고 있다. 니체는 삶을 경험하고 맛보고 싶어 한다. 그래서 쾌락의 신 디오니소스를 예수의 자리에 앉혔다. 삶 자체가 종교적이라고 말하고 싶었던 것이다. 디오니소스적 경험은 환희이고, 사랑의 도취이다.

니체는 초기 그리스도교 교부들이 예수를 철저하게 디오니소스와 결부시키고자 했던 사실을 몰랐다. 마찬가지로 디오니소스 계열에 속했던 노래하는 시인(歌人) 오르페우스 역시 예수와 비견되곤 했다. 예수를 인간의 마음을 움직여 사랑의 불꽃을 피우게 하는 신적인 가인으로 이해했기 때문이다.

물론 그리스도교 신비주의자들이 하느님의 발견과 환희에 대해서만 이야기한 것이 아니다. 사막의 메마름 그리고 십자가의 요한이 이야기하는 '어두운 밤'에 대해서도 이야기했다. 니체가 옳았다. 동경과 의심이 한 쌍을 이룰 때 나는 신비주의의 길을 가게 된다. 모든 일이 잘 되어 갈 때도 물론 하느님을 동경할 수는 있다. 하지만 이럴 때 동경은 그리 강하지 않다. 그래서 모든 힘을 하느님 추구에 집중하지 못한다.

의심은 일단 나에게 하느님에게서 완전히 등을 돌릴 것을 강요한다. 이런 의심 속에서 동경은 날개를 달게 된다. 동경은 나를 들어올려, 나를 보호해 줄 하느님의 품으로 데려간다.

나 자신을 뚫고, 고통을 뚫고

신비주의는 어려운 길이다. 이는 과거 신비주의자들의 경험에서뿐 아니라, 현대 시인 넬리 작스를 통해서도 분명히 드러난다. 시인이 동경하는 신비주의는 매번 새로운 산통産痛을 겪으며 시인의 언어 속에 자리 잡았다. 넬리 작스는 1958년 1월 9일 파리에 살고 있는 유대인 시인 파울 첼란에게 보내는 편지에서 심오한 신앙고백을 한다.

"내 안에는 고통을 이겨낼 수 있다는 믿음과, 보잘것없는 먼지에게조차 영혼을 줄 수 있다는 믿음이 있었고, 지금도 있으며, 매 순간마다 새로이 생깁니다. 나는 보이지 않는 우주를 믿습니다. 우주에는 우리의 어두운 면도 있습니다. 음악을 통해서 돌에서조차 싹을 틔우는 빛의 에너지를 느낍니다. 제 육신은 처음부터 우리를 죽음, 외부, 위험 속으로 몰아가는 동경의 화살을 맞아 고통을 느낍니다. 이런 나를 도와주는 것은 내 동족들의 하시디즘(18세기 동유럽에서 일어난 유대교의 종교운동)적 신비주의입니다. 다른 신비주의들과 통하는 면이 있는 하시디즘은 독단론과 제도들로부터 떨어져 나와 매번 산통을 겪으며 새로운 보금자리를 마련해 왔습니다."

넬리 작스는 온 세상이 동경으로 가득하다고 확신한다. 그녀는 동경을 품고 티끌 같은 이 세상을 견디며, 이 세상에 영혼을 주는 것을 시인의 숙명으로 여긴다. 시인은 이 세상이 하느님에 대한 동경을 깨우쳐 준다고 말한다. 하느님에 대한 동경은 시인을 아프게도 하지만, 돌에서조차 꽃을 피우고 싶어 하는 음악이나 빛과 같은 것이라 한다. 예민한 감성을 지닌 유대인 시인을 힘들게 한 것은, 동경의 화살촉에서 느껴지는 고통이었다. 작스는 태어날 때부터 이 동경을 품고 있었고 이 동경은 죽음을 향해 있다. 그녀는 시에서 애도했던 죽음들을 동경을 통해 극복하려 한다. 하시디즘적 신비주의는 시인의 영적인 삶을 도와주었다. 동경의 언어로 노래하는 시인의 문학은 모든 것 안에 숨어 있는 하느님을 보는 신비주의의 표현이기도 하다. 민족대학살이 자행되는 잔인하고 황폐한 시대의 소용돌이를 헤쳐 나가야 하는 시인에게 신비주의는 '매번 산통을 겪고 얻는' 새로운 보금자리가 되어 주었다.

동경의 조절

나치를 피해 스웨덴으로 이주한 넬리 작스는 어느 날 갑자기 낯선 언어권에 있는 자신을 발견했다. 작스는 생존을 위해 시를 써야 했다. 그리하여 새로운 동경의 언어를 창조했다. 혹한의 시기를 견디고 살아남은 공주가 "그릇된 동경에 매달린다"는 표현이 있다. 동경의 힘이 공주를 한쪽으로 치우치게 한다는 것이다. 그러나 동시에 동경은 냉혹한 추위로부터 공주를 지켜 주었던 셈이다.

하느님과 씨름을 하던 야곱이 하느님으로부터 엉덩이뼈를 얻어맞은 이야기도 이와 비슷하다. 시인은 야곱이 하느님으로부터 얻어맞아 그분에게로 치우쳐 버린 것이라고 생각했다. 동경이 내 안으로 들어가, 과거의 확신을 없애 버린다. 야곱이 그랬듯이 하느님에게 나를 맡길 수 있도록 동경은 나를 변화시킨다. 동경을 통해서 하느님이 축복을 내린다. 나는 어두운 그림자에 압도당하지 않고 당당해진다. 동경은 나를 변화시켜, 나 스스로 어두운 밤을 극복하도록 해 준다.

넬리 작스는 동경을 조절하라고 한다. 동경은 우리를 사로잡는다. '인간'이라는 것은 결국 동경으로 가득한 존재이다. 그녀는 이렇게 썼다.

하늘은 네 안에서

파괴를 연습한다

너는 은총 안에 있다

하느님 쪽으로 기울어진 사람은 은총 안에 있다. 그런 사람은 자신의 상처까지도 은총과 치유를 위한 과정으로 여긴다. 야곱은 하느님이 상처 입힌 인간이다. 그러나 야곱의 상처는 많은 사람들에게 축복의 샘이 된다. 하느님은 우리가 놓아 버리지 못하고 매달리는 많은 것을 파괴한다. 그런 다음 파괴할 수 없는 동경으로 하여금 우리를 은총의 장소, 하느님의 감미로운 사랑을 경험하는 장소, 하느님의 사랑이 에워싸는 장소로 데리고 가게 한다. 우리도 야곱처럼 이 세상을 위한 축복의 샘이 된다.

넬리 작스는 『죽음의 거처에서 *In den Wohnungen des Todes*』라는 시집을 통해 말한다. 동경의 언어는 죽음 가까운 곳에서 자란다. 동경은 죽음을 뛰어넘는다. 동경은 죽음으로 파괴되지 않고, 오히려 그 순간 새로이 시작한다.

"모든 것은 동경과 함께 시작한다." 이스라엘의 고통을 노래한 그의 시 「엘리」의 한 구절이다. 창조된 모든 것은 동경으로 이루어져 있다. 동경으로 채워진 모든 피조물은 죽음을 극복한다. 생명은 태어나기도 전에 동경을 먼저 안다. 동경은 죽음으로 끝나지 않는다. 죽음에서 동경은 비로소 완성된다. 동경이 완전히 새로운 것을 창조하고, 모든 것을 새롭게 만드는 하느님과의 만남을 주선하기 때문이다.

두 세계 사이의 긴장

누구나 실망할 때가 있다. 소망이 이루어지지 않았을 때, 희망이 물거품처럼 사라져 버릴 때의 심정을 우리는 안다. 이런 경험도 삶의 한 부분이다. 동경이 충족되지 않았다고 해서 꼭 나쁜 것만은 아니라는 깨달음을 얻을 수도 있다. 동경의 목적은 이 세상을 초월하는 것이다. 이는 죽음에 이르러서야 완전히 성취된다. 성공과 출세, 고향과 보호, 사랑과 우정에 대한 바람이 이 세상에서 이루어지는지 여부는 중요하지 않다. 이 바람은 언제나 영원한 성취의 저편에 있는 것을 암시하기 때문이다. 그럼에도 불구하고 소원과 동경은 삶에 속한다. 오스트리아 작가 마리 폰 에프너-에센바흐는 희망 없이 자족하는 삶의 이면을 말한다. "가련한 사람은 동경을 이루지 못한 사람이 아니라, 동경이 무엇인지 모르는 사람이다." 그녀는 동경이 없는 사람은 인생을 모른다고 확신한다.

동경이 없는 인생은 경직되어 있다. 이런 인생은 긴장이 없고 무의미하다. 애써 노력할 만한 것이 없다. 목적이 없는 사람은 앞으로 가기는 하지만 방향을 잃게 된다. 그냥 서 있기만 할 수는 있을 것이다. 앞으로 나가든 말든 속도를 내든 말든 상관하지 않는다면 말이다.

인생의 본질은 두 세계 사이의 긴장을 푸는 것이다. 행복과 실망을 동시에 맛보면서, 절대적인 사랑과 동경 사이의 긴장을 푸는 것이다. 영혼의 긴장을 늦출 때야 비로소 인간은 자기 자신에 이르게 된다.

영원 속에서의 성취

우리는 살면서 끊임없이 한계, 좌절, 허무를 경험한다. 행복은 찰나이고, 사랑은 좌절되며, 생명은 유한하다. 그렇지만 "인간은 즐거움이 영원히 지속되기를 바란다"고 니체는 노래한다. 영원에 대한 동경은 지속적인 행복과 사랑, 영원한 평온에 대한 동경이다. 시간과 영원의 관계는 하느님과 인간, 하늘과 땅, 정신과 물질 사이의 긴장을 표현한다. 우리는 하늘과 땅 사이의 인간으로서 이 근본적인 긴장 안에 존재한다. 우리는 시간 속에 살면서 영원한 삶을 꿈꾸고, 동경이 영원 속에서 성취되기를 희망한다. 성경은 말한다. 희망과 동경은 결코 헛되지 않다고, 우리의 죽음 이후에 그 어떤 눈도 본 적 없고 어떤 귀도 들은 적 없는 영원한 영광을 하느님이 우리를 위하여 마련하셨다고 …(1코린 2,9 참조).

영원은 기나긴 시간을 의미하지 않는다. 영원은 고유한 품질을 지닌다. 자기 자신을 완전히 순간에 맡기면 영원은 시간 속으로 들어온다. 그때 시간은 멈추고 우리는 영원의 맛을 느낄 수 있게 된다. 신비주의자들은 이러한 영원을 이야기한다. 신을 체험하는 것 역시 영원을 체험하는 것과 맞닿아 있다. 하느님과 하나가 된다는 것은, 존재하는 모든 것과 완전히 하나가 된다는 것을 의미한다. 시간과 영원이 일치한다. 이 순간 모든 대립이 일치한다. 니콜라우스 쿠사누스가 말하는 '대립의 일치'coincidentia oppositorium가 이루어지고, 하느님의 본질이 모습을 드러낸다. 묵상 안에서 하느님과 하나가 되면, 즉 하느님과 융합하는 순간 시간은 멈춘다. 이 순간은 오로지 현재이다. 현재와 미래가 일치한다. 더 이상 지나간 것을 생각하지 않고, 미래를 계획하지 않는다. 이 순간이 얼마나 지속될지는 알 수 없다. 하느님이 직접 우리와 만나는 이 순간, 시간이 멈춘 것이다.

인간은 시간 속에 있고 시간은 인간 안에 있다고 아우구스티누스는 말한다. 인간은 시간 때문에 고통당한다. 시간 안에서는 모든 것이 변한다. 영원한 것도 없고 머무는 것도 없다. 끊임없는 변화에 직면하면 동경은 영원을 향한다. 아우구스티누스는 이를 다음과 같이 표현한다. "주님, 당신은 나의 위안이시고 아버지이시며 영원하십니다. 그러나 나는 시간 속에 갇혀 시간이 어떻게 움직이는지 모르고 있습니다. 어지러운 변화로 생각이 흩어지고 깊은 곳의 영혼조차 산산조각 났습니다. 정화되고 유순해진 나는 당신 사랑의 불꽃 속으로 들어갑니다."

영원한 삶은 시간과 영원, 인간과 하느님, 땅과 하늘이 일치하는 삶이다. 시간의 한가운데서 영원에 참여하는 것이 인간의 능력이다. 완전히 순간에 존재하고, 완전히 나 자신과 하나가 되고, 세상과 시간의 베일 뒤를 바라보는 나는 '지금 이미' 하느님의 영원함을 맛보고, 영원성에 참여하고 있는 것이다. 내가 사랑으로 하느님과 하나가 되면, 시간은 사라지고 영원이 시간 한가운데 있게 된다. 삶은 시간의 한가운데서 영속성을 얻게 된다.

그레고리오 교황이 전하는 바에 따르면, 베네딕도 성인은 한 줄기 빛을 통해 온 세상을 보았다고 한다. 불교에서는 이를 각성이라고 한다. 각성한 사람은 시간 이면을 보게 된다. 그러면 모든 것이 하나로 보인다. 하느님 체험을 통해 세상의 맨 밑바닥을 경험하기도 하고, 시간을 초월하여 내 안의 영적 자아를 만나게 된다. 나는 현재를 음미한다. 이는 시간의 저편에 있는 절대적 존재의 맛일 뿐이다. 시간의 저편에는 주체와 객체가 따로 있지 않다. 그 순간 보에티우스의 말이 실현된다.

"영원은 경계가 없는 삶의 재산이다. 이 재산은 모든 것을 포함하는 단 한 순간에 얻어진다." 이는 곧 동경의 완성이다.

희망과 빛

죽음은 희망의 마지막 경계선이 아니다. 죽음은 동경의 소멸이 아니다. 그리스도교의 핵심 복음은 새로운 삶의 시작이 아니라 죽음이란 없음을 이야기한다. 부활 없는 십자가는 없다. 부활의 빛이 비치지 않는 어둠은 없다. 즉 우리는 버림받지 않을 것이다. 죽음과 부활의 복음은 결국 삶에 대한 커다란 동경을 간직하라는 호소이다. 삶을 방해하는 온갖 장애물들, 즉 요즈음 매일같이 세워지는 수많은 십자가에 대항하여 일어서라는 호소이다. 예수의 죽음과 부활은 시대적인 고통의 역사를 민감하게 받아들이게 하고, 고통의 종말에 대한 동경을 강하게 일깨워 준다. 그러는 동시에 고통과 체념으로부터 해방시켜 준다. 그것은 한마디로 희망의 표시다.

융에 의하면, 삶의 성공 여부는 고통을 어떻게 다루느냐에 달려 있다. 고통의 주변을 체념적으로 맴도는 것이 아니라, 고통을 관통함으로써 삶에 이를 수 있다. 삶은 예수의 핵심 복음이다. 예수의 복음은 우리에게 개인, 공동체 그리고 모든 자연의 삶에 적극적으로 참여하라고 한다. 삶의 동경이 활짝 꽃피는 곳이면 어디에서나 요한 복음이 전하는 생명이 나타난다.

자기 망각

감각을 만족시키는 행위는 영원에의 동경을 포함하고 있다. 감각적인 즐거움은 오래 가지 않는다. 나를 망각할 때 즉 나의 행동, 느낌, 현존재와 하나가 되는 바로 이 순간에 나는 영원을 경험한다. 완전히 감각적인 경험에 몰두해 있을 때, 예를 들어서 완전히 눈이 되거나 완전히 귀가 되어 오직 한 가지만 인지할 때, 나는 순간에 온전히 존재하게 된다. 석양을 바라보거나 교향곡에 흠뻑 젖어 있을 때, 나는 피조물들을 초월하여 '바닥 없는 바닥으로'(마이스터 에크하르트) 들어가게 된다. 영원은 이렇듯 아주 깊은 곳을 경험하는 순간을 의미한다.

즐거움은 시간의 해체이자 영원의 예감이다. 영원은 물질과 반대되는 순전히 정신적인 것만을 의미하지는 않는다. 정신은 물질 속에서도 경험할 수 있다. 공간에서 무공간을, 시간에서 무시간을 경험하듯이 …. 순간에 완전히 존재한다는 것은 감각 속에 완전히 존재함을 의미하기도 한다.

영원은 특별한 방법으로 체험하는 것이 아니다. 우리 자신을 완전히 망각하고, 이 절대적인 현재와 시간의 해체를 느낄 수 있다는 것, 이것은 하느님의 선물이다. 우리는 신중히 현재를 인식하면서, 하느님이 늘 함께하심을 믿으면 된다. 하느님이 들어오시면 시간은 멈추고, 우리는 영원을 느끼게 된다. 마침내 동경은 안식을 얻는다.

초월적 감각

모든 종교에는 인간에게 신의 뜻을 알려 주는 사자가 있다. 그리스인들에게는 날개 달린 헤르메스가 그런 존재였다. 천사는 대부분의 종교에서 신이 인간에게 보내는 구원과 치유의 사절이다. 그리스도교 신학은 교부들 이래로 천사에 대한 학설을 전개했다. 현대 신학에서는 오랫동안 천사를 소홀히 다루었다. 그러던 중 20년 전부터 천사가 다시 등장했다. 몇 년 전 잡지 『포커스』의 설문조사 결과는 다음과 같다. 신을 믿는 독일인의 80퍼센트는 수호천사를 믿는다. 그리고 14세 이상 국민의 절반 이상이 수호천사에게 위로와 보호를 구한다. 현대인들이 천사에게 마음을 개방하는 이유는 아마도 인간이 지닌 초월적 감각 때문일 것이다. 인간들은 간혹 자신의 세계로 다른 차원이 들어오기를 갈망한다. 가볍고 안전하고 아름다우며 희망적인 세계를 갈망하고 있기 때문이다. 천사들은 사랑과 다정함으로 인간적인 사랑의 유약함과 그들의 삶을 보호해 준다. 천사는 우리에게 하늘을 열어 보여 준다. 하느님은 우리에게서 멀리 있고 이해하기 어렵다. 천사는 우리 세계에 있는 하느님의 구체적인 상像이다. 인간은 천사를 통해 하느님의 영혼과 만나고, 창조적이고 치유적인 힘과 만난다.

'천사'는 그리스어 '사자'使者ángelos에서 왔다. 아우구스티누스는 천사의 본질보다는 임무에 대해 많은 것을 말한다. 천사는 하느님의 사자다. 하느님은 천사를 보내 복음을 전하고, 우리를 보호하고 도와주며, 성공적인 삶을 이루도록 인도해 주신다. 아우구스티누스의 이런 정의에도 불구하고 신학은 천사의 본질을 다시 연구했다. 신학은 천사가 만들어진 존재이고 개인적인 힘이라고 정의한다. 이 추상적인 개념을 삶과 관련지어 해석하면 다음과 같은 의미가 된다. 즉 만들어진 존재로서의 천사를 우리는 체험할 수 있다. 천사를 보거나 만질 수도 있는 것이다. 천사는 적절한 순간에 우리 인생으로 들어와 무언가를 암시해 주고, 행복을 가져다주고, 어려움에 처한 우리를 도와주는 인간일 수도 있다. 꿈의 사자들 역시 천사라고 보면 된다. 천사들은 꿈속에서 우리에게 말을 한다. 우리는 꿈을 볼 수 있고, 기록할 수 있고, 눈에 저장할 수 있다.

천사는 영혼에 속한 내적 충동이다. 우리는 종종 자신의 생각이 어디에서 비롯되었는지 모를 때가 있다. 그리고 후에 이 생각이 자신의 삶을 구원했음을 깨닫게 된다. 이런 돌발적인 생각 역시 하느님이 보낸 천사라고 볼 수 있다. 때로는 죽은 사람들도 천사의 역할을 한다.

천사는 감각적인 인격체도, 확실하고 단언적으로 설명할 수 있는 개인적인 존재도 아니다. 천사는 권한이고 힘이다. 천사는 상상의 존재가 아니다. 천사는 활동하면서 우리를 직접 만난다. 천사는 우리가 자기 완성의 길을 가도록 돕는다. 천사는 우리 개개인을 보호해 준다. 우리가 자기 자신의 본질적인 영역과 소통하게 해 준다. 천사는 우리가 영혼을 만나고, 사랑과 자유의 내적인 공간에 이르도록 도와준다. 이것은 꿈속에서 이루어질 수도 있고, 적절한 순간에 누군가의 말을 통해 이루어질 수도 있다. 이 순간 천사가 우리에게 말하고 있는 것일 수도 있다.

성경은 구체적인 어려움에 처한 인간을 돕는 천사들에 대해 이야기한다. 어린이의 외침을 듣는 천사(창세 16장), 절망한 엘리야을 다시 일으켜 세우는 천사(1열왕 19장), 불가마 속에 있는 젊은이들을 보호의 입김으로 감싸는 천사(다니 3장)가 있다. 남자와 여자 사이, 아버지와 아들 사이를 치유하는 천사 라파엘이 있다. '누가 하느님 같은가?'라는 의미의 이름을 지닌 대천사 미카엘은 그 어떤 세속적인 권력도 우리를 규정하지 못하게 하고, 하느님이 우리를 해방시켜 우리 자신에게 이르도록 하기 위해서 싸운다. 가브리엘은 아이의 출생이나 새로운 사건을 암시해 주는 예고의 천사이다. 신약성경에서는 무엇보다도 예수가 태어나고 부활할 때 천사들이 나타난다. 한 천사는 예수의 탄생을 예고하고, 목동들에게 기쁨을 전한다.

하느님을 찬양하는 천사들은 존재의 덧없음을 알려준다. 교회의 벽면을 천사들로 장식함으로써 인간 존재의 유희적인 면을 암시한 바로크 예술은 천사들을 잘 이해하고 있다 하겠다. 천사들은 시험에 든 예수에게 나타난다(마태 4,11). 한 천사는 예수가 지치고 불안해 있을 때 도와준다(루카 22,43). 천사는 여자들에게 예수가 죽음에서 부활할 것임을 알린

다. 죽은 라자로를 아브라함의 품에 데려다 준 것도 천사들이다. 천사들
은 우리 역시 사랑 가득한 하느님의 품으로 데려다 줄 것이다.

천사를 믿으려고만 할 것이 아니라 체험해야 한다. 천사는 하느님과
우리 사이에서 중요한 역할을 담당한다. 하느님은 천사들을 일상의 구
체적인 상황 안으로 보낸다. 홀로 있는 우리 곁에는 늘 천사가 있다. 이
것은 우리에게 위로의 복음이다. 시인과 화가들은 이를 나름의 방식대
로 우리에게 전해 준다.

"천사 없는 세상에 사느니, 세상이 없는 편이 낫다"(일제 아이힝거).

치유와 완전함

독일어 '성스러운'heilig에는 '치유'와 '완전'의 의미가 담겨 있다. 즉 다음과 같이 말할 수 있다. 성인은 치유된 사람, 완전해진 사람이라고 …. 하느님이 본디 만든 모습 그대로 성장하여 신성과 만난 사람, 한마디로 동경한 그대로 성취한 사람이라고 할 수 있다.

많은 책들이 성인을 이렇듯 높은 단 위에 올려놓아 아주 낯선 존재로 만들어 버렸다. 하지만 성인은 그렇게 완벽한 인간만은 아니다. 성인은 자신의 잘못과 허약함을 하느님에게 내보이고, 하느님의 빛으로 자신의 어두운 부분을 밝힌 사람들이다. 그들은 완벽하지 않았고, 정신적으로 완전히 건강한 것도 아니었다. 평범한 우리들과 마찬가지로, 성인도 자신의 결점과 약함 때문에 괴로워했다. 그러나 그들은 자신의 약점을 받아들이고 하느님의 일에 사용했다. 성인의 약점조차도 다른 이들을 위한 은총의 샘물이 되었던 것이다. 빙겐의 힐데가르트가 말하듯이, 성인의 상처는 진주로 변한다. 아마도 상처는 성인에게 가장 귀하고 소중한 것인지도 모른다. 바로 이 상처로 인해 자신을 하느님에게 열어 드렸고, 인간을 이해하는 동시에 자신에게는 겸손해졌다. 성인은 이 모두가 자신의 것이 아니라 하느님의 업적임을 깨달은 존재이다. 성인의 삶은 동경이 충족될 수 있다는 희망의 표시인 것이다.

우리 모두에게는 이름이 있다. 가톨릭에서는 부모가 자식들에게 수호성인의 이름을 찾아 준다. 내 이름이 된 '안셀무스' 성인의 일생을 묵상

하면서 나는 나 자신을 더 잘 알게 되었다. 무심코 지나쳤던 나의 모습들을 발견했다. 지금까지 이룬 것보다 더 많은 일을 할 수 있다는 확신도 얻었다. 나의 진정한 본질을 만난 것이다. 성인은 우리로 하여금 자기 자신의 모습을 보다 분명하게 인식할 수 있게 하는 거울이다. 성인은 우리 자신의 빛나는 모습, 즉 숨겨진 능력과 가능성을 지닌 자기 자신을 조건 없이 받아들일 수 있는 용기를 준다. 성인은 우리에게 동경을 따르도록 영감을 준다.

사랑의 가시

수도원에 들어왔을 때, 나는 캔터베리의 안셀무스 성인을 수호 성인으로 선택했다. 그리고 지금까지도 그분과 특별한 관계를 유지해 오고 있다. '안셀무스'는 '신들로부터 보호받는 자'라는 뜻이다. 안셀무스 성인의 전기 작가인 에아드머에 따르면, 성인은 생전에 많은 사랑을 받았다고 한다. 안셀무스 성인의 일생은 정치적 갈등과 불안으로 점철되어 있었다. 그는 주교였지만 재위 기간의 대부분을 유배지에서 보냈다. 하지만 성인이 휘말렸던 갈등의 배경에는 언제나 마음과 이성을 본질적인 것, 즉 삶의 근본으로 향하게 하려는 독특한 동기가 있었다.

안셀무스 성인은, 자신이 정의한 '기도의 신학'을 통해서 학문적으로 우수한 능력을 인정받았다. 그의 유명한 말이 있다.

"작은 인간들이여, 일어나 잠깐 동안만이라도 사소한 일상에서 벗어나라! 잠깐 동안이라도 커다란 사념을 떨쳐 버려라! 짐스러운 걱정들을 던져 버리고, 너를 혼란스럽게 하는 것들로부터 거리를 유지하라! 하느님을 위한 시간을 갖고 하느님 안에서 쉬어라! 하느님에게 말하라, '주님, 제가 당신 얼굴을 찾고 있습니다'(시편 27,8)라고. '내 주 하느님, 당신을 간절히 갈망하는 내 마음 어디에서 그리고 어떻게 당신을 발견할 수 있는지 가르쳐 주십시오'라고."

하느님의 얼굴을 보고 싶은 간절한 동경이 안셀무스로 하여금 기도의 신학을 이룩하게 했음을 위의 말을 통해 알 수 있다.

안셀무스 성인은 다음과 같은 말도 했다. "통찰하기 위하여 그리고 이해하기 위하여 나는 믿는다." 그는 교리를 그대로 답습하는 것에 만족하지 않았다. 이성으로 교리를 철저하게 분석하고 이해하고자 했다. 그렇다고 이성이 최종적인 잣대는 아니었다. 오히려 신앙을 이성의 바탕으로 여겼다. 이성은 인간이 현실을 있는 그대로 볼 수 있게 한다.

안셀무스 성인의 일생은 나 자신의 삶을 보다 의식적으로 살게 하는 거울이 되었다. 하느님의 얼굴을 보고 하느님을 찾고 이해하고자 했던 그의 간절한 소망은 예나 지금이나 나를 매료한다. 성인의 생각은 하느님을 찾아 그분을 경험하고자 했던 동경으로부터 자극받았다. 성인의 아름다운 기도가 있다.

"주님, 당신을 찾도록 가르쳐 주십시오. 당신을 찾는 이에게 당신의 모습을 보여 주십시오. 당신이 가르쳐 주지 않으시면 나는 당신을 찾을 수 없기 때문입니다. 그리고 당신이 나에게 당신의 모습을 보여 주지 않으시면 나는 당신을 발견할 수 없기 때문입니다. 나는 간절히 당신을 찾을 것이며, 동경은 더욱 커질 것입니다. 사랑하면서 당신을 발견할 것이며, 발견하면서 당신을 더욱더 사랑할 것입니다."

안셀무스 성인은 하느님을 찾는 것과 동경을 결합시킨다. 그에게는 하느님을 찾는 네 가지 극 즉 찾는 것, 동경하는 것, 발견하는 것 그리고 사랑하는 것이 긴밀하게 얽혀 있다. 하느님을 찾고자 하면 하느님에 대한 동경이 점점 강렬해진다. 하느님을 찾고 발견하게 하는 동력은 결국 하느님에 대한 사랑이다. 하느님을 찾는 것은 결코 끝나지 않을 과제이다. 그분은 쉽게 발견되지 않기 때문이다. 내가 하느님을 발견하면, 하느님은 다시 나에게서 빠져나가신다. 그러나 하느님을 발견하고 만지고 붙들면서 하느님에 대한 나의 사랑은 더욱 커져 간다. 사랑은 하느님에 대한 동경에 다시 불을 붙인다. 다시 간절하게 하느님을 찾기 시작한다.

오늘날까지도 안셀무스 성인은, 추상적인 교리만 따를 것이 아니라 동경을 품는 마음의 신학을 좇을 수 있도록 우리를 도와주고 있다. 안셀무스 성인은 하느님을 찾는 사람들의 용기를 꺾지 말라고 한다. 보다 심오한 사랑에 대한 동경을 품고 있는 사람들은 혼자가 아니라는 사실을 알려 준다. 종말의 소문에 영향 받지 말라고 격려한다. 시대 상황 때문에 용기를 잃지 말라고 격려한다. 그리고 인간의 마음을 변화시키고, 기나긴 갈등 뒤에 다시 평화를 주시는 하느님을 믿으라고 격려한다.

이것이 이 세상의 복음이다. 동경은 유한한 나 자신을 넘어, 나를 괴롭히는 문제들을 상대화하게 한다. 동경은 온갖 아름다운 것과 즐거운 것에 집착하려는 나를 자유롭게 해 준다. 우리는 아름답고 즐거운 것을 누릴 수는 있지만, 다음 순간 거기서 다시 벗어나야 한다.

동경은 인생의 갈등 한가운데서도 침착할 수 있게 한다. 안셀무스 성인도 갈등과 모함을 수없이 겪었다. 기대가 충족되지 않으면 동경은 더 깊어진다. 그 결과는 좌절이나 슬픔이 아니라, 내적 자유와 확신으로 나타난다.

그 어떤 고난이 닥친다 해도 동경을 간직한 사람은 사랑과 친절을 잃지 않는다. 고난은 사랑을 더 강하고 깊게 해 줄 뿐이다. 동경을 믿는 사람은 언제나 명랑하고 침착하다.

인내와 기다림

신약은 동경보다는 희망에 대해서 자주 언급한다. 그리스도교에서는 믿음, 희망, 사랑을 세 가지 신덕으로 삼는다. 아리스토텔레스가 인생의 기본 덕목으로 제시한 정의, 지혜, 용기, 절제와는 다른 개념이다.

정신적인 덕으로서의 희망은, 우리 인생이 하느님 앞에서 '쓸모 있기' 위한 조건이다. 덕은 '쓸모 있음'에서 나온다. 동경은 덕이 아니라, 원하든 원치 않든 간에 본디 인간 안에 있는 힘이다. 동경은 인간을 자극한다. 신학 전통에 의하면, 희망은 하느님이 우리에게 주신 유능하고 힘찬 덕이라고 한다. 희망은 능동적이다. 희망은 하느님이 우리에게 미래를 마련해 놓으셨음을 믿고 이 세상을 만들어 가는 것이다. 희망은 인간을 위해 온 힘을 쏟는 것이 의미 있는 일이라고 확신한다. 희망은 하느님이 인간을 위해 멋진 미래를 이미 준비하고 계심을 확신한다. 그러나 동시에, 세상 안에 있는 희망의 요소들이 뚜렷한 결과로 나타나지 않으면 희망은 결국 공허해지고 만다.

희망은 동경과 비슷하면서도 다르다. 희망은 미래에 대한 확신, 즉 미래가 하느님의 손에 있고 하느님이 우리의 가장 깊은 동경들을 충족시켜 준다는 확신을 포함하고 있다. 희망은 하느님의 약속이 우리 안에서 실현될 때까지 참고 기다린다. 동경은 내가 원하든 그렇지 않든 존재한다. 그러나 희망은 내가 의식적으로 결정해야만 한다. 희망은 내가 보살펴야 하는 덕이다. 희망은, 세상이 멸망을 향해 가고 있다는 비관적인 생각과 맞서야 한다. 희망은, 하느님이 세상과 인간을 완전함으로 인도한다고 확신한다. 비록 이 완성이 인간적인 관념의 좌절과 파괴로 이어진다 할지라도 말이다. 십자가는 희망을 보여 주는 가장 분명한 표시이다. 십자가는 멸망 중에도 새로운 삶이 빛난다는 희망의 상징이다.

1972년, '우리의 희망'이라는 주제로 독일 교구 시노드가 열렸다. 이 회의에서는 낙관적인 세계관, 교회가 세상을 위해 수행해야 할 중대한 임무를 재확인할 수 있었다. 그러나 오늘날에는 이 희망적인 견해의 빛이 바래고 있다. 이 시노드의 회의록을 기록한 요한 밥티스트 메츠의 신학은, 유대인 철학자 에른스트 블로흐로부터 영향을 받았다. 블로흐의 대표 저서의 제목이 『희망의 원리*Prinzip Hoffnung*』인 데서 알 수 있듯이, 블로흐에게 희망은 단순한 감정이 아닌 '유토피아적 기능'이다. 희망은 현세에서 경험한 모든 것을 '성취의 전조前兆'로 여기라고 한다. 새로운 것과 아직 존재하지 않는 것이 빛나고 있다. 블로흐 사상의 근본은 '아직 완성되지 않은, 아직 성취되지 않은 고향'에 대한 동경이다. 무신론 철학자와 신앙인이 각각 희망에 대해 가지는 견해의 다양성은 오늘날에도 여전히 생생한 영향을 미치며 살아 있다.

내가 희망하는 것

희망과 동경은 비록 같지는 않지만 긴밀한 연관을 지닌다. 동경 역시 무엇에 대한 희망인 것이다. 동경은 아직 없는 무언가를 향해 뻗어 나간다. 동경은 기존의 현실을 능가하는 힘이다. 동경은 미래의 것을 믿고, 그것이 진정 현실이 되기를 바란다.

나의 동경과 희망은 부활에 대한 믿음에서 하나가 된다. 부활은 어둠에서 빛으로 나오는 것, 좁은 데서 넓은 곳으로 나오는 것, 경직됨에서 생기로 나오는 것, 똑바로 일어나 무덤에서 걸어 나오는 것을 의미한다.

나의 동경과 희망은 하느님의 사랑이 지배하는 인간 공동체와 관련 있다. 또한 그것은 하느님의 자유로운 지배 안에서 권력의 오용을 경험하는 것과 관련 있다. 나는, 모든 이들이 온전히 자기 자신이 될 수 있고, 자신의 초자아의 지배로부터 자유로워질 수 있도록 하느님 왕국이 이들에게 도달하기를 동경하고 희망한다. 하느님 왕국이 새로운 공동체에 나타나기를 동경하고 희망한다. 그리고 하느님 왕국이 인간과 우주 사이의 관계에서 모습을 드러내기를, 창조주의 아름다움을 반영하는 피조물들 안에 나타나기를 동경하고 희망한다.

나의 동경은 인간들을 만나 그들과 함께 내면의 샘물을 찾아내는 새로운 영성을 담고 있다. 나의 동경은 체념하지 않고 새로운 세계를 연구하며, 이 세상 한가운데서 하느님의 맛을 전파하는 데 지치지 않도록 내면의 샘물을 마실 수 있게 하는 새로운 영성을 담고 있다.

나는 화합시키는 언어, 일깨우는 언어, 새로운 공동체를 이루는 언어, 말할 수 없는 것을 표현하는 언어, 들리지 않는 것을 듣게 하는 언어를 동경한다.

나는 삶을 깨우고, 삶에 용기를 주며, 삶을 설명하고 해방시키는 언어를 원한다.

나는 쓰러진 사람을 일으켜 세우고, 버려진 자를 받아들이고, 앉은뱅이를 걷게 하고, 소경을 보게 하고, 죽은 자를 다시 살려 일으켜 세우는 인간 공동체를 희망한다.

나는 구원 없는 세상에서 치유와 구원이 이루어지기를, 우리의 상처가 치유되어 진주로 변하기를, 하느님이 우리의 상처 이야기를 활짝 열린 치유 이야기로 바꾸어 주기를 희망한다.

나는 죽은 다음이 아니라, 지금 이 순간 새 하늘과 새 땅, 새로운 피조물을 원한다.

나는 하느님이 삶에 새로운 것, 새로운 공동체, 인간 사이의 새로운 균형을 만들어 주기를 바란다.

나는 우리가 진정한 자아, 하느님이 모두에게 내리신 오염되지 않은 본디 모습을 발견하기를 바란다.

이를 통해 희망, 용서, 평화 그리고 사랑이 사람들 마음에서 깨어나면 좋겠다.

　나는 소외된 사람들이, 무소유의 사랑, 흐르는 사랑, 매혹적인 사랑,
새 맛을 남기는 사랑을 경험하기를 희망한다.
　나는 사랑이 얼어붙지 않고 흐르기를 희망한다.
　나는 죽음을 이기는 사랑을 희망한다.

내가 너에게 말하고 싶은 가장 아름다운 것은
아직 말하지 않은 것이다

결국 가장 아름다운 것은

터키 시인 나짐 히크메트의 시는, 동경이 우리에게 볼 수 있는 눈을 선사한다고 노래한다.

> 바다에서 가장 아름다운 것은
> 우리가 아직 보지 않은 것이다
> 아이의 가장 아름다운 모습은 여전히 안전한 요람에서 쉬고 있다
> 가장 아름다운 날은
> 우리가 아직 살지 않은 날들이다
> 그리고 내가 너에게 말하고 싶은 가장 아름다운 것은
> 아직 말하지 않은 것이다

서정시인의 눈으로 세상을 보는 사람에게 이 세상은 항상 새로운 사건을 마련해 놓고 있다. 그들은 안락의자에 앉아 있어도 결코 지루하지 않을 것이다. 모든 것 안에서 아직 보지 않은 것을 보기 때문이다. 보지 못한 것을 보기를 갈망하고, 경험하지 못한 것을 경험하고 싶어 하고, 말하지 않은 것을 말하려 한다. 모든 것 안에서 아직 존재하지 않는 것의 약속을 깨닫는다.

이 책을 마무리하는 데 이 터키 시인의 마지막 시구보다 더 적절한 표현은 없을 것이다.

나는 가장 아름다운 것을 아직 모른다. 단지 가장 아름다운 것이 있다는 것을 알고 있을 따름이다. 나는 글을 쓸 때나 강연을 할 때, 늘 가장 아름다운 말, 눈을 열어 하느님의 비밀을 보게 해 주는 말, 하느님의 비밀과 내적 아름다움을 비추는 열쇠가 되는 말을 찾는다. 나에게 글을 쓴다는 것은 가장 아름다운 것, 나와 너의 삶이 광채를 띠게 하는 것을 찾는 작업이다. 그러나 나는 아직 그것을 발견하지 못했다. 나도 터키 시인 나짐 히크메트와 같은 경우다. 그래서 나는 계속 쓰고 있고, 독자들이 이를 동경의 눈으로 읽기를 바란다. 그리하여 언젠가는 이루 형언할 수 없는 하느님의 아름다움 안으로 삶을 녹아들게 하는 빛이 우리를 비추게 되기를 바란다.

나는 이 책의 독자들이, 날개를 달아 주고 치유와 해방과 평화를 맛보게 해 주는 동경의 효능을 체험할 수 있기를 바란다. 나는 독자들 모두 마음의 동경을 만나고, 동경 안에서 생기와 그 누구도 빼앗아 갈 수 없는 고유한 위엄을 느끼기를 바란다. 동경은 그 무엇에 의해서도 정복될 수 없다. 동경은 완전히 패한 상황에서도 살아 있다. 동경은 우리를 활기차

게 하고, 우리에게 진정한 자유와 파괴할 수 없는 평화를 선사한다. "사
랑에 대한 동경은 이미 사랑"이라는 생텍쥐페리의 말이 맞다면, 동경은
일상의 갈등과 억압으로도 파괴되지 않은 사랑으로 우리를 채워 준다.